Furniture Design

D0199798

Möbel Design

Design de Meubles

Muebles de diseño

teNeues

Editor in chief: Paco Asensio

Editor and texts: Cristina Montes

Editorial coordination: Haike Falkenberg, Cynthia Reschke

Research: Marta Casado

Art Director: Mireia Casanovas Soley

Layout: Ignasi Gracia Blanco

German translation: Inken Wolthaus

French translation: Leïla Marçot

English translation: Matthew Clarke

Copy-editing: Susana González, Ana López

Published by teNeues Publishing Group

teNeues Publishing Company
16 West 22nd Street, New York, NY 10010, US
Tel.: 001-212-627-9090, Fax: 001-212-627-9511

teNeues Book Division
Neuer Zollhof 1
40221 Düsseldorf, Germany
Tel.: 0049-(0)211-994597-0, Fax: 0049-(0)211-994597-40

teNeues Publishing UK Ltd.
Aldwych House, 71/91 Aldwych
London WC2B 4YN, UK

www.teneues.com

ISBN: 3-8238-5575-1

Editorial project: © 2002 LOFT Publications

Domènech 9, 2-2
08012 Barcelona, Spain
Tel.: 0034 932 183 099
Fax: 0034 932 370 060

e-mail: loft@loftpublications.com
www.loftpublications.com

Printed by: Gràfiques Anman. Sabadell, Spain

July 2002

Die Deutsche Bibliothek – CIP-Einheitsaufnahme
Ein Titeldatensatz für diese Publikation ist bei
der Deutschen Bibliothek erhältlich.

8 Introduction

16 History

36 Design

76 Lights
110 Chairs
148 Seats
206 Tables
248 Libraries
276 Storage
304 Complements
320 Bedrooms
348 Children's bedrooms
362 Home office
382 Outdoor furniture

398 Directory

Einleitung 8

Die Geschichte der Möbel 16

Design 36

Lampen 76
Stühle 110
Sitzgelegenheiten 148
Tische 206
Bibliotheken 248
Aufbewahrung 276
Zubehör 304
Schlafzimmer 320
Zimmer für Kinder und Jugendliche 348
Das Büro im Haus 362
Freizeitmöbel 382

Verzeichnis 398

8 **Introduction**

16 **Histoire du meuble**

36 **Design**

76 **Lampes**
110 **Chaises**
148 **Sièges**
206 **Tables**
248 **Bibliothèques**
276 **Rangements**
304 **Accessoires**
320 **Chambres**
348 **Chambres d'enfants et d'adolescents**
362 **Le bureau chez soi**
382 **Meubles d'extérieur**

398 **Table des matières**

Introducción 8

Historia del mueble 16

Diseño 36

Lámparas 76
Sillas 110
Asientos 148
Mesas 206
Librerías 248
Almacenaje 276
Complementos 304
Dormitorios 320
Habitaciones infantiles 348
La oficina en casa 362
Muebles de exterior 382

Directorio 398

Introduction

The twentieth century will undoubtedly go down in history as the century of design. It will not be forgotten that it was during these hundred turbulent years that this discipline took shape as a concept and became a reality crowned with success.

It is a phenomenon that has gone through various phases over the course of its short but intense life, to the point that it now permeates our everyday life, as any man-made object has inevitably also been designed by somebody.

Design forms part of our culture and embraces all types of items. Designer goods cannot be understood if they are divorced from their economic, political, social, cultural or technological contexts.

Design by
Peter Maly. Cor

The roots of this discipline lie in the crafts industry and over time, following the rhythm of technological progress, it has evolved into its present state. In the early days pride of place went to the skill and dexterity of the first cabinetmakers, who gave form to wood, the noble material par excellence. With the passing of time, the work of these professionals has given way to that of designers seeking to find a balance between esthetics, functionality, creativity and the demands of the market, on the basis of technological advances and the latest revolutionary treatments of materials.

This book explores the concept of design mainly in terms of furniture. It covers some of the most emblematic furniture designs as well as the various styles, movements and pioneers of this discipline; Mies van der Rohe, Marcel Breuer, the Castiglioni brothers, Alvar Aalto, Antoni Gaudí and Philippe Starck are just some of the big names that pass through its pages. A selection of their work allows the reader to learn how and why they set about transforming a concept that went on to gain

Design by
Iosa Ghini Studio

> *"Do not keep anything in your house if you do not know whether it will prove useful or if you do not consider it beautiful."*
>
> *William Morris*

prominence on the basis of these very works, and the ideas behind them. There is also a brief history of furniture and its evolution up to the present day, along with examples of the trends and models of furniture design currently available: the most innovative tables, the most daring and effective lamps, the most comfortable chairs, the coziest sofas, the latest outdoor ensembles, modular units that stand up to the rough and tumble of young children and the ideal piece for turning a corner into a practical workspace ... all this and much more can be found in this book.

A total of 400 pages full of information that will prove invaluable to anybody who wants to become acquainted with the world of furniture and design or is interested in discovering interesting innovations. An evocative historical survey which makes clear how these disciplines are a direct and faithful reflection of the society and age that created them, as well as showing how the lifestyles and outlooks in the different historical periods have influenced them and changed the appearance of objects that form part of everyday life – objects that keep us company and make our lives easier and more comfortable, to the point that they end up becoming essential and indispensable.

■ *Design by Teresa Sepulcre. Tes*

■ *Design by Marcel Wanders Studio*

Einleitung

Das 20. Jahrhundert wird zweifellos als das Jahrhundert des Designs in die Geschichte eingehen. Man darf nicht vergessen, dass diese Disziplin während der bewegten letzten hundert Jahre Form angenommen hat und zu einer von Erfolg begleiteten Realität geworden ist.

Es handelt sich um ein Phänomen, das während seines kurzen aber intensiven Bestehens verschiedene Phasen durchlaufen hat und das gegenwärtig alles überflutet, denn jedes vom Menschen erschaffene Objekt ist zweifellos auch dadurch geprägt worden.

Das Design ist ein Teil der Kultur und des Lebens und durchströmt alle Bereiche. Die Ergebnisse des Designs können nur im Zusammenhang mit wirtschaftlichen, politischen, sozialen, kulturellen oder technologischen Kontexten verstanden werden.

Die Geschichte dieser Disziplin hat ihren Ursprung im Kunstgewerbe und sie entwickelte sich zusammen mit den historischen und industriellen Veränderungen bis in die heutige Zeit weiter. Anfangs spielte sie eine Rolle in der Fertigkeit und Geschicklichkeit der ersten Kunsttischler, die dem Holz, diesem edlen Material par excellence, Form gaben. Mit der Zeit gab die Arbeit dieser Künstler den Weg frei für die Kreationen von Designern, die unter Auswertung des technologischen Fortschritts und der neuen revolutionären Materialbehandlung das Zusammenspiel von Ästhetik, Funktionalität, Ideen, Produkt und Markt anstrebten.

■ Design by Isamo Noguchi,
Mobius J.14

Dieses Buch möchte das Konzept des Designs untersuchen und konzentriert sich dabei hauptsächlich auf das Mobiliar. Dann werden einige der charakteristischsten Designs, die verschiedenen Stile, Bewegungen und die ersten Vertreter dieser Disziplin behandelt. Mies van der Rohe, Marcel Breuer, die Gebrüder

■ Design by Pascal Morgue

10

> *"Hebe nichts in Deinem Haus auf, von dem Du nicht weißt, ob es Dir nützlich sein wird oder dessen Schönheit Dich nicht überzeugt."*
>
> *William Morris*

Design by
Eero Aarnio. Adelta

Castiglioni, Alvar Aalto, Antoni Gaudí und Philippe Starck sind einige der großen Namen, die auf den Seiten dieses Bandes zu finden sind. Anhand einer Auswahl ihrer Arbeiten lernt der Leser verstehen, wie und warum ein Konzept, das mit seinen Ideen und Werken Bedeutung gewann, sich langsam verwandelte. Des weiteren enthält es eine kurze Zusammenfassung der Geschichte der Möbel und deren Entwicklung bis zu unserer Zeit sowie die Tendenzen und Angebote der Designer-Möbel auf dem Markt. Die modernsten Tische, die gewagtesten und effizientesten Lampen, die bequemsten Stühle, die gemütlichsten Sofas, die aktuellsten Möbel für die Terrasse, Modularprogramme für die Kleinsten und die beste Lösung für die Schaffung eines Arbeitsbereiches Zu Hause ... und noch viele andere Themen finden Sie in diesem Werk.

Insgesamt 400 Seiten voll Informationen werden allen denjenigen Gewinn bringen, die der Welt der Möbel und des Designs näher kommen wollen und daran interessiert sind, wissenswerte Neuerungen zu entdecken. Ein anregender Spaziergang durch die Geschichte, der zeigt, dass diese Disziplinen ein direktes und treues Abbild der Gesellschaft und der Epoche sind, die sie erschaffen hat, und die gleichzeitig beweist, dass die Lebensformen und die Vision der Welt in den verschiedenen geschichtlichen Abschnitten ihren Einfluss ausübten und ihre Haltung gegenüber den Gegenständen des täglichen Lebens des Menschen veränderten. Gegenstände, die den Menschen begleiten und ihm sein Leben leichter und komfortabler gestalten, und die gleichzeitig zu wesentlichen und unentbehrlichen Elementen geworden sind.

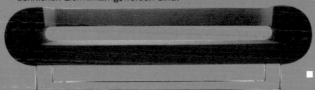

Design by
C. Pillet

Introduction

Le XXe siècle est sans aucun doute le siècle du design. On ne peut oublier que durant ces cent dernières années, cette discipline a mis au point un concept qui s'est matérialisé avec succès dans la réalité.

Ce phénomène est passé par différentes étapes et se rapporte aujourd'hui à tout. En effet, n'importe quel objet créé par l'être humain a d'abord été conceptualisé. Le design fait partie de la culture, de la vie, et il concerne tous les objets. Ces produits ne peuvent être compris que si on les replace dans leur contexte économique, politique, social, culturel, technologique…

Le design tire ses origines de l'artisanat et évolue au gré du temps et des changements industriels pour arriver jusqu'à nos jours. Au début, les ébénistes jouent un rôle essentiel et sculptent avec beaucoup de dextérité et d'habileté le matériau le plus noble : le bois. Avec le temps, le travail de ces professionnels est repris par les designers. Ceux-ci, soucieux de conjuguer esthétique, utilité, innovation, produit et marché, s'inspirent des progrès technologiques et des nouveaux traitements qui révolutionnent les matériaux.

Design by Michele De Lucchi/Alberto Nason. Produzione Privata

Ce livre aborde le concept du design essentiellement à travers le mobilier. Nous faisons référence aux designers les plus emblématiques, aux différents styles et mouvements, ainsi qu'aux premiers professionnels de cette discipline. Nous trouverons des personnalités de grand renom, telles que Mies van der Rohe, Marcel Breuer, les frères Castiglioni, Alvar Aalto, Antoni Gaudí ou encore Philippe Starck. A partir d'une sélection de leurs travaux, le lecteur pourra comprendre comment et pourquoi un concept qui a acquit une fonction grâce à ses idées et à ses réalisations, s'est peu à peu transformé.

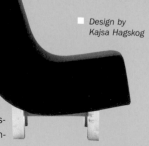

Design by Kajsa Hagskog

Nous passons aussi brièvement sur l'histoire du meuble et son évolution pour arriver jusqu'à nos jours. On observera alors les tendan-

> *" Ne garde pas dans ta maison les objets qui ne te servent pas ou que tu ne trouves pas beau. "*
>
> *William Morris*

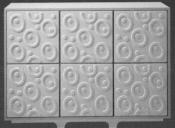

■ *Design by Cisotti-Laube. B.R.F.*

ces et les propositions que l'on peut trouver sur le marché.

On verra par exemple les tables les plus modernes, les lampes les plus esthétiques et utiles, les chaises les plus pratiques, les canapés les plus confortables, les meubles dernier-cri pour aménager sa terrasse, les programmes modulaires qui résistent à l'usage quotidien des plus petits, ou encore comment agencer un espace de travail chez soi...

Ces 400 pages d'information seront très utiles à tous ceux qui souhaitent découvrir des objets inventifs et s'intéresser au monde du meuble et du design. Un bref aperçu historique nous enseigne que ces disciplines reflètent avec fidélité la société et l'époque à laquelle elles appartiennent. Tout comme on peut voir que les mœurs et les idées propres à chaque époque influencent ces disciplines et transforment l'aspect des objets dont l'homme s'entoure. Ces objets sont devenus indispensables à l'individu parce qu'ils lui facilitent la vie.

■ *Design by Michele De Lucchi/Alberto Nason. Produzione Privata*

Introducción

El siglo XX pasará a la historia, sin duda, como el siglo del diseño. No puede olvidarse que ha sido durante los últimos cien agitados años cuando esta disciplina ha conseguido tomar forma como concepto y materializarse en una realidad acompañada de éxito.

Se trata de un fenómeno que ha pasado por diferentes etapas a lo largo de su corta pero intensa vida y que en la actualidad lo invade todo, ya que cualquier objeto creado por el ser humano ha sido, indudablemente, también diseñado por él.

El diseño forma parte de la cultura y de la vida y recorre todo tipo de elementos. Los productos de diseño no pueden entenderse si no se los relaciona con contextos económicos, políticos, sociales, culturales o tecnológicos...

La historia de esta disciplina nace de la artesanía y evoluciona con el devenir de los años y los avatares de la industria hasta llegar a nuestros días. En un principio, el protagonismo fue para la destreza y habilidad de los primeros ebanistas, que daban forma a la madera, material noble por excelencia. Con el tiempo, el trabajo de estos profesionales ha ido dejando paso a la labor de unos diseñadores preocupados por conjugar estética, funcionalidad, idea, producto y mercado, valiéndose de avances tecnológicos y de los nuevos y revolucionarios tratamientos para los materiales.

■ *Design by Prospero Rasulo. Zanotta*

Este libro examina el concepto de diseño centrado principalmente en el sector del mobiliario. En sus páginas se repasan algunos de los diseños más emblemáticos, los diferentes estilos, movimientos y los primeros profesionales de esta disciplina. Mies van der Rohe, Marcel Breuer, los hermanos Castiglioni, Alvar Aalto, Antoni Gaudí o Philippe Starck son algunos de los grandes nombres que se pasean por las páginas de este volumen. A partir de una selección de sus trabajos, el lector podrá conocer cómo y por qué ha ido transformándose un concepto que adquirió protagonismo con sus concepciones y obras. Asimismo, se recoge una breve historia del mueble y su evolución has-

■ *Design by Pearson Lloyd*

> *"No guardes nada en tu casa si no sabes si va a resultarte útil o si no lo consideras hermoso".*
>
> *William Morris*

ta llegar a nuestros días, y también se muestran las tendencias y las propuestas en diseño mobiliario que se encuentran en el mercado. Las mesas más innovadoras, las lámparas más atrevidas y eficaces, las sillas más cómodas, los sofás más acogedores, los últimos muebles para vestir las terrazas, los programas modulares que soportarán el trajín diario de los más pequeños o la mejor manera de solucionar un rincón para crear una práctica zona de trabajo en casa... eso y mucho más puede verse en esta obra.

Design by Marc Newson

Un total de 400 páginas llenas de información que resultará enormemente útil a todos aquellos que deseen acercarse al mundo del mueble y del diseño y estén interesados en descubrir interesantes innovaciones. Un sugerente recorrido histórico que evidencia que estas disciplinas son un reflejo directo y fiel de la sociedad

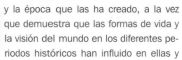

y la época que las ha creado, a la vez que demuestra que las formas de vida y la visión del mundo en los diferentes periodos históricos han influido en ellas y han transformado el aspecto de los objetos que forman parte de la cotidianidad del ser humano. Objetos que acompañan al individuo y le hacen la vida más fácil y cómoda, al tiempo que se han convertido ya en elementos esenciales e imprescindibles.

Design by Jean-Marc Gady

HIST

Historia del mueble

Histoire du meuble

Die Geschichte der Möbel

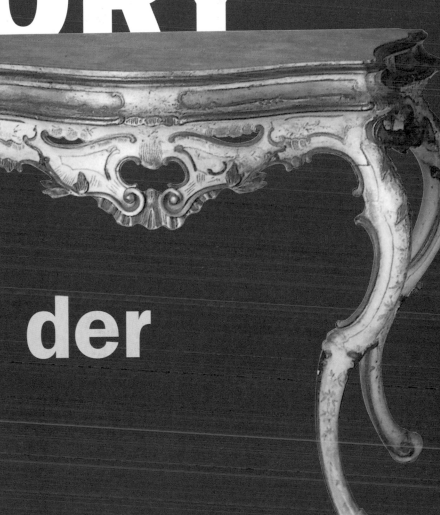

While it is true that furniture has been part of human life in many civilizations since time immemorial, it is not, however, vital to the human race, as proven by the fact that some cultures have dispensed with it altogether.

The presence of pieces of furniture implies the abandonment of certain animal habits and postures and so represents a consolidation of cultural changes. The appearance of furniture is predetermined by a sedentary lifestyle, as opposed to a nomadic one, and an environment in which users are taught how to use these objects. Despite all this, the use of furniture does not presuppose any cultural superiority as, although some pieces are traditionally widespread in the West and Middle East, the very same items are considered exotic and unusual in other regions.

The world of furniture can be approached from several angles – according to its functional or technical aspects, for example – making it possible to record the evolution and progress of a specific era and find out how and why certain materials were used at that particular time. The examination of furniture can give rise to a partial reconstruction of a particular period in order to discover the social class of the owner of a specific piece; just as in the cases of clothes, architecture and literature, the study of furniture can help to draw a fairly full picture of an entire

Es ist unbestritten, dass der Mensch seit fernsten Zeiten und in zahlreichen Zivilisationen von Möbeln umgeben war – und trotzdem ist ihre Existenz für den Menschen nicht unbedingt erforderlich, denn es ist bewiesen, dass einige Kulturen ohne Möbel auskommen konnten. Das Vorhandensein von Mobiliar ist bedingt durch die Aufgabe bestimmter animalischer Gewohn-

■ **Milan-Paris** by
Piero Lissoni Associati. Artelano

heiten und Haltungen und einen kulturellen Fortschritt sowie eine sesshafte Lebensform – im Gegensatz zum Nomadenleben – die den Menschen zum Gebrauch dieser Gegenstände erzieht. Trotz dieser Feststellungen setzt der Gebrauch von Möbeln keine kulturelle Überlegenheit voraus, denn selbst wenn diese Stücke in der westlichen Welt und im Mittleren Orient auf eine reiche Tradition zurückblicken, werden sie an anderen Orten als exotisch und wenig geläufig betrachtet.

Man kann sich der Welt der Möbel unter verschiedenen Perspektiven nähern, z.B. mit der Betonung auf funktionelle oder technische Aspekte, um so die Entwicklung und den Fortschritt einer bestimmten Epoche nachzuverfolgen und zu erfahren, welche Materialien während eines bestimmten historischen Zeitabschnitts verwendet wurden und zu welchem Zweck. Einen Teil der Geschichte kann man auch rekonstruieren, indem man das Mobiliar untersucht, um herauszufinden, welche soziale Stellung der Eigentümer jedes Stückes inne hatte; das gleiche Vorgehen ist auf Kleidung, Architektur, Literatur etc. anwendbar. Möbel helfen

■ **Air Chair** by Jasper Morrison. Magis

On peut dire que dans de nombreuses civilisations, le meuble accompagne l'homme depuis longtemps. Cependant son existence n'est pas nécessaire à l'espèce humaine, comme le prouve le fait que certaines cultures s'en passent.

L'existence des meubles implique l'abandon de certaines habitudes et postures animales et suppose un progrès culturel. De même, leur apparition appelle nécessairement un type de vie sédentaire et un environnement propice à l'usage de ces objets. Malgré toutes ces affirmations, l'utilisation des meubles ne suppose aucune supériorité culturelle. En effet, bien que certains meubles aient une longue tradition en Occident et au Moyen-Orient, ils sont exotiques et peu courants ailleurs.

On peut aborder le monde du mobilier à travers différentes perspectives. Son aspect, technique par exemple, permet d'analyser l'évolution et le progrès d'une époque déterminée, mais aussi de connaître les matériaux que l'on utilisait et pourquoi. L'étude du mobilier peut aussi servir à reconstituer une partie de l'histoire en renseignant sur la classe sociale du propriétaire. Tout comme la littérature, l'architecture, le costume etc., le meuble permet de donner une image assez précise de l'époque à laquelle on s'intéresse. Tels sont parmi d'autres les différents aspects à travers lesquels on peut aborder dans le meuble.

L'histoire du meuble est caractérisée par ses changements et l'influence, surtout à partir du moyen-âge, de l'architecture. Ces deux disciplines participent l'une de l'autre et rares sont les cas où l'on peut les séparer.

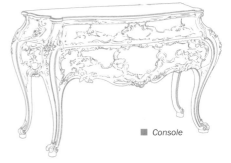

■ Console

Puede afirmarse que el mueble ha acompañado al hombre desde tiempos remotos en numerosas civilizaciones y, sin embargo, su existencia no es necesaria para la especie humana, como demuestra el hecho de que algunas culturas puedan prescindir de él.

La presencia de elementos de mobiliario implica el abandono de ciertos hábitos y posturas animales, a la vez que supone un considerable avance cultural. Asimismo, su aparición precisa necesariamente un tipo de vida sedentaria, alejada del nomadismo, y un entorno que ha educado al usuario de estos objetos. A pesar de todas estas afirmaciones, el uso de muebles no supone una superioridad cultural, ya que aunque algunas de estas piezas poseen una extensa tradición en Occidente y Oriente Medio, estas mismas se convierten en exóticas y poco corrientes en otros lares.

Es posible acercarse al mundo del mueble desde diferentes perspectivas, como su función o el aspecto técnico, que permite comprobar la evolución y el progreso de una época determinada y conocer qué materiales se empleaban y por qué en un determinado periodo histórico. Reconstruir parte de la historia también es posible si uno estudia el mobiliario para indagar la categoría social del propietario de cada pieza; al igual que el vestuario, la ar-

■ *Design by José M.ª Rubio Anaya.*
Archétaller: de arquitectura y otros oficios

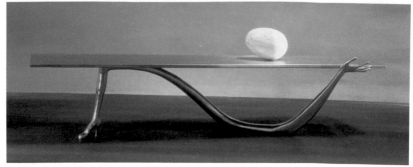

■ **Mesa baja Leda** by Salvador Dalí. Bd. Ediciones de Diseño

historical age. These are just some of the viewpoints open to us for the assessment of this subject, but they are by no means the only ones.

The history of furniture is undoubtedly distinguished by the changes it has undergone and by the fact that it has been highly influenced, especially in the Middle Ages, by architecture: the two disciplines overlap and these days it is very unusual for them to be considered in total isolation from each other.

It must not be forgotten that in the history of furniture, as in other fields, the past has left its mark on the present and it will obviously continue to do so in the future.

Human beings really began to evolve when they mastered fire; once this feat had been achieved, they began to differentiate themselves from the other creatures in the animal kingdom. From then on, nothing could hold them back and they increasingly forged ahead of other species as a result of their newly developed intelligence, which over

■ *Design by Jean-Marc Gady*

bei der Erstellung eines recht vollständigen Bildes einer ganzen Epoche. Dies sind einige, jedoch nicht die einzigen Gesichtspunkte zur Bewältigung dieses Themas.

Die Geschichte des Möbels zeichnet sich durch seinen wechselnden Charakter sowie eine große Beeinflussung durch die Architektur aus, ganz besonders seit dem Mittelalter: beide Disziplinen gehen Hand in Hand und heute ist die eine von der anderen nur ganz selten wegzudenken.

Man darf nicht vergessen, dass wir von einem Gestern ausgehen, das ebenfalls zur Geschichte der Möbel gehört; einer Vergangenheit, die die Gegenwart gestaltet hat und selbstverständlich auch die Zukunft des Mobiliars formen wird.

Die Entwicklung des Menschen beginnt mit seiner Herrschaft über das Feuer. Ab diesem Moment beginnt er, sich von seinen Artgenossen in der Tierwelt zu differenzieren, seine Entwicklung ist nicht mehr aufzuhalten. Durch seine neu entdeckte Intelligenz entfernt er sich immer weiter von den anderen Lebewesen und wird zum Menschen mit einem gewissen historischen Gedächtnis.

Tausende und Abertausende von Jahren konstanter Entwicklung folgten: Waffen aus Feuerstein, das Zeitalter des Metall, die Entdeckung des Rades ... bis der Mensch alle notwendigen Bedingungen für sein Überle-

Il ne faut pas oublier que nous sommes tributaires de notre passé.

L'évolution de l'homme commence à partir de la conquête du feu. Une fois celle-ci menée à bien, l'être humain commence à se différencier des autres animaux. Grâce à sa toute nouvelle intelligence, qui avec le temps dotera l'homme d'une certaine mémoire historique, son évolution n'a de cesse et se distance du règne animal.

Des milliers et des milliers d'années d'évolution constante : les armes de silex, l'ère du métal, la découverte de la roue…ap portent tout ce dont l'homme a besoin tant pour son évolution que pour sa survie. Après une longue période, l'être humain découvre le beau, l'art, les lettres, le commerce et entreprend beaucoup activités. Le fait de vivre en communauté fait apparaître de nouveaux besoins. Toute société doit pouvoir s'identifier à travers des formes sociales et philosophiques. L'homme (qui se tient debout depuis peu), en s'entourant d'éléments qui lui permettent de reposer ses membres en continuelle tension, enclenche un nouveau processus. Une fois qu'il a trouvé l'équilibre sur ses jambes, celles-ci et la colonne vertébrale supportent tout le poids du corps. Pour se reposer, l'être humain a besoin de s'allonger sur une surface plane et de décontracter la partie de son corps qui met le

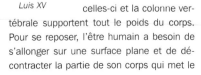

■ *Glass cabinet Luis XV*

quitectura o la literatura, el mueble puede ayudar a dibujar un retrato fidedigno de toda una época… Estas son algunas de las ópticas desde las que se puede abordar esta materia, aunque no las únicas.

Sin duda, la historia del mueble se distingue por disfrutar de un carácter cambiante y por estar muy influencia-

■ **Moods** *by Jean-Marc Gady*

da, sobre todo a partir de la Edad Media, por la arquitectura: ambas disciplinas participan la una de la otra y actualmente son contadas las ocasiones en las que van separadas.

No debe olvidarse que se parte de un ayer, y éste también existe en la historia del mueble; un pasado que ha configurado el presente y, por supuesto, el futuro de las piezas de mobiliario.

La evolución del hombre comienza en el momento de la conquista del fuego. Lograda ésta, el ser humano empieza a diferenciarse de sus congéneres del reino animal. Su evolución se hace imparable, distanciándose del resto de las especies animales a través de su recién descubierta inteligencia, que con el tiempo permitirá que posea cierta memoria histórica.

Miles y miles de años de evolución constante: armas de sílex, la era del metal, el descubrimiento de la rueda… hasta lograr todo aquello que le es preciso, tanto para su evolución como para su supervivencia. Tras un largo periodo y conseguidos esos logros, el individuo descubrirá la belleza, el arte, las letras, el comercio y otras muchas activida-

■ *French Library*

time would allow humans to possess a degree of historical memory.

There followed thousands and thousands of years of constant evolution: flint weapons, the Iron Age, the discovery of the wheel, until they had everything they needed, not only to survive but also to evolve further. Once these achievements had been consolidated, a long time later human beings discovered beauty, art, writing, commerce and a host of other activities. They began to require new equipment as they started to form societies and live in groups. Every community needs a social and philosophical structure to identify itself and humans – whose evolution had led them to strain their natural position by trying to stay upright – entered into a new process in which they needed to be surrounded by elements that allowed them to rest their limbs, which were permanently tense, due to the fact that they had not totally assimilated these new postures. Once they managed to keep their balance on their lower limbs, their spinal column and legs had to take all the weight of their bodies. In order to rest, they needed to stretch their whole body out on smooth surfaces and sooth those parts of their body that were

ben und seine weitere Entwicklung erreicht hatte. Nach einem langen Zeitraum beginnt der Mensch, die Schönheit, die Kunst, die Literatur den Handel und mannigfaltige weitere Aktivitäten zu entdecken und gleichzeitig, infolge des Lebens in der Gruppe und in der Gesellschaft, neue Ansprüche zu stellen. Jede Gemeinschaft braucht zu ihrer Identifikation gesellschaftliche und philosophische Formen und der Mensch – dessen Entwicklung ihn dazu zwang, seine natürliche Haltung aufzugeben und sich aufzurichten – leitet einen neuen Prozess ein, indem er sich mit Elementen umgibt, die seinen aufgrund der noch nicht ganz assimilierten Haltung immer angespannten Gliedern Entspannung gewähren. Das Rückgrat trägt nun zusammen mit den Beinen das ganze Gewicht des Körpers. Zum Ausruhen muss der Mensch den Körper auf glatten Flächen ausstrecken können und diejenigen Körperteile entspannen, die es mit der neuen Haltung am schwersten haben und die er zur Verteidigung gegen seine

■ **Lámpara Cajones** *by Salvador Dalí.*
Bd. Ediciones de Diseño

stärkeren und schnelleren Feinde braucht. Und hier entsteht nun das Konzept des Bettes, das erste vom Menschen entworfene Möbelstück, selbst wenn sich sein heutiges Bild wesentlich von seinem ursprünglichen unterscheidet.

Der Mensch beginnt an sich selbst zu denken und sich als Herr seiner Umgebung zu fühlen; er beobachtet die ihn umgebende Natur, versucht sie nachzuahmen und alles

plus de temps à s'adapter à la position verticale. De là naît le concept du lit, le premier meuble inventé par l'homme. Sa forme originelle diffère cependant beaucoup de celle que l'on connaît aujourd'hui.

L'être humain commence à penser à lui et à se sentir maître de son entourage. Il observe attentivement la nature et essaye de l'imiter. Tout en lui commence alors à se transformer. Il se sert des souches de bois comme assiette; au lieu de s'accroupir pour se reposer, il utilise des éléments de la forêt, des peaux d'animaux. Commence alors une nouvelle ère où les objets fonctionnels qui facilitent la vie quotidienne de l'homme deviennent indispensables. L'évolution est lancée.

Avec le temps, les époques et les générations passant, apparaît la nécessité pour l'homme de s'entourer de beaux objets. Selon Diodore de Sicile, le pharaon de la première dynastie égyptienne, Ménès, intro-

■ **Dodo** by René Holten. Artifort

■ *Sideboard of the 18th century*

des. El ser humano empezará a requerir nuevos menesteres al reagruparse y vivir en sociedad. Toda comunidad precisa de unas formas sociales y filosóficas que la identifiquen, y el hombre –cuya evolución le llevó a forzar su posición natural al tratar de mantenerse sobre los pies– inicia un nuevo proceso al necesitar rodearse de elementos que le permitan conceder descanso a sus miembros siempre en tensión, debido a unas posturas no del todo asimiladas. Vencido el equilibrio sobre los miembros inferiores, la columna soporta todo el peso del cuerpo, juntamente con las piernas. Para su descanso, el ser humano necesita estirar el cuerpo sobre superficies lisas y proporcionar lasitud a la parte orgánica que más tarde en adaptarse a la nueva forma adoptada, que le sirve para protegerse de sus enemigos, más fuertes y rápidos que él. Ahí nace el concepto de cama, la primera pieza de mobiliario ideada por el hombre, aunque en su origen este elemento distaba bastante de la imagen que hoy se tiene de él.

El ser humano empieza a pensar en sí mismo y a sentirse dueño de su entorno; fija su atención en la naturaleza que lo rodea tratando de imitarla y todo en él empieza a cambiar. Las bases de los árboles son sustituidas por rocas en las que deposita sus alimentos para deglutirlos; en lugar de sentarse sobre sus extremidades inferiores para descansar, empleará toscos elementos forestales y pieles de animales… y así es como se inicia una nueva era, en la que unos

taking the longest to adapt to the new form – the legs, which enabled them to protect themselves against those enemies that were stronger and, until then, faster than them. This situation gave rise to the concept of the bed, the first-ever piece of furniture, even though it was originally a long way from our image of it today.

Human beings began to think for themselves and feel that they were in command of their environment; they observed the natural world that surrounded them, tried to imitate it and everything in their life began to change. They put their food on rocks rather than on the bottoms of trees to eat it; instead of sitting on their lower limbs to rest, they used foliage and animal skins. It was the dawning of a new era, in which functional objects that made life easier started to become indispensable. From then on, evolution was unstoppable.

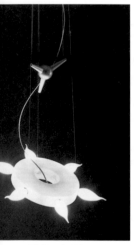

As time went on, other eras arrived, with new generations, and eventually human beings felt the need to surround themselves with beautiful things. According to Diodorus Siculus, Menes, a Pharoah from the first Egyptian dynasty, was the first to introduce the taste for beauty in everyday objects and utensils.

■ **Fleurie S1** *by Frans Van Nieuwenborg. Prandina*

Furniture is undoubtedly closely related to several creative disciplines; drawings, forms, perspective, construction and many other aspects link it to the most noble human function of all: the creation of art.

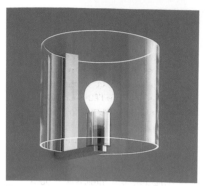

■ **CPW1** *by Christian Ploderer. Prandina*

in ihm verändert sich. Er verwendet Baumstümpfe als Unterlage zum Essen und Felle von Tieren, um sich darauf auszuruhen ... So zeichnet sich langsam eine neue Ära mit mehr oder weniger funktionellen Gegenständen ab, die dem Menschen das Leben erleichtern und bald unentbehrlich werden. Die Entwicklung ist nicht mehr aufzuhalten.

So vergeht die Zeit, neue Epochen und Generationen folgen und in dem Menschen entsteht der Wunsch, sich mit schönen Elementen zu umgeben. Nach Aussage von Diodoro von Sizilien führte Menes, Pharao der ersten ägyptischen Dynastie, den Sinn für Schönheit in Gegenständen und Dinge des täglichen Gebrauchs ein.

Zweifellos verbindet die Möbel eine enge Beziehung zur Kunst im allgemeinen: Zeichnungen, Formen, Perspektiven und vielfältige andere Facetten verknüpfen sie mit der edelsten Aufgabe des Menschen: der Kunst.

Die Möbel lassen sich auf vier ursprüngliche Elemente zurückführen, die den Menschen begleiten, seitdem seine Intelligenz gesellschaftliche Werte erfassen kann: den Stuhl, den Tisch, die Truhe und das Bett. Ab diesem Moment leitet der Mensch zusammen mit der Differenzierung seiner Intelligenz und der Suche nach Isolierung und privaten Bereichen den Beginn einer ganzen

duisit le goût du beau pour les objets et les ustensiles de tous les jours.

Le meuble entretient une relation étroite avec les arts en général : dessins, formes, perspective, construction et beaucoup d'autres facettes encore, qui l'unissent à la fonction la plus noble de l'être humain : l'art.

Les meubles dérivent tous de quatre prototypes originels qui accompagnent l'homme depuis qu'il vit en société : la chaise, la table, le coffre et le lit. En recherchant l'isolement et l'intimité, l'homme, qui continue d'aiguiser son intelligence, développe toute une série de variantes qui enrichissent son patrimoine mobilier.

On peut considérer que l'histoire du meuble commence en Egypte, une des civilisations antiques les plus inspirées. Le peuple égyptien a réussi à donner à la pierre des aspects incroyables. Le monde égyptien est entré dans l'histoire non seulement pour ses formes politiques et philosophiques que l'on connaît si bien, mais aussi pour avoir créé des objets tant fonctionnels que purement esthétiques.

Tout était art en Egypte. Ce climat propice a permis d'inventer, dans le silence et le secret, des formules qui aujourd'hui encore se révèlent surprenantes et peu connues. La puissance égyptienne et sa grande organisation mettent au point les premières routes commerciales, protégées par une armée puissante et téméraire. En même temps, le caractère extrêmement religieux de l'empire organise une architecture à sa mesure. Des peuples entiers sont appelés à construire des temples et d'énormes pyramides. C'est alors que naissent de nouvelles professions qui

■ *Regency armchair*

objetos más o menos funcionales que facilitan la vida al hombre empiezan a convertirse en imprescindibles. La evolución es ya imparable.

Sigue pasando el tiempo, llegan nuevas épocas, nuevas generaciones y arriba hasta el hombre la necesidad de rodearse de elementos bellos. Según Diodoro de Sicilia, Menes, faraón de la primera dinastía egipcia, introdujo el gusto por las cosas bellas en los objetos y utensilios de uso diario.

■ **F598** *by Pierre Paulin. Artifort*

Indudablemente el mueble guarda una estrecha relación con las artes en general: dibujos, formas, perspectiva, construcción y muchas otras facetas que lo vinculan con la más noble función del ser humano: el arte.

Puede afirmarse que todos los muebles derivan de cuatro tipos originarios que acompañan a los hombres desde que su inteligencia adopta valores sociales: la silla, la mesa, el arca y la cama. Desde ese momento, el hombre, agudizando su inteligencia y buscando el aislamiento y la privacidad, inicia el desarrollo de toda una serie de variantes que contribuyen a aumentar su acervo mueblístico.

Se puede considerar que la historia del mueble nace en Egipto, una de las civilizaciones antiguas más inspiradas. El pueblo egipcio logró arrancar a la piedra tremendas percepciones. Además de unas formas políticas y filosóficas de sobra conocidas, el mundo egipcio pasará a la historia por haber creado miles de objetos que unas veces tie-

Broadly speaking, all furniture is derived from four basic elements that appeared in the lives of human beings once their intelligence had led them to adopt social values: the chair, the table, the chest and the bed. Taking these as starting points, they sharpened their intelligence and, in their search for isolation and privacy, began to develop a whole series of variations, thus increasing their stock of furniture.

The history of furniture can be said to begin in Egypt, the home of one of the most inspired of all ancient civilizations. The Egyptians found new possibilities for creation with stone and they will go down in history not only for their well-known contribution to politics and philosophy but also for their legacy of thousands of objects, some of them functional but others solely made for the sake of their beauty.

Egypt breathed art, and this environment made it possible to unobtrusively come up with formulas that even now are largely unknown and surprising. The power and organizational skills of Egypt gave rise to the first trade routes, protected by a powerful and experienced army, while an intense religiosity, supported by imperial patronage,

■ *Thebes stool*

led to great architectural achievement–towns complete with temples and

Reihe von Varianten ein, die zur Bereicherung der Vielfalt der Möbel beitragen.

Man kann davon ausgehen, dass die Geschichte der Möbel in Ägypten ihren Anfang nahm, in einer der inspiriertesten antiken Zivilisationen. Seinem Volk gelang es, dem Stein unglaubliche Formen zu entreißen. Die ägyptische Welt geht in die Geschichte ein nicht nur durch ihre bedeutenden politischen und philosophischen Errungenschaften, sondern auch durch die Erschaffung von Tausenden von Gegenständen, manche von funktionellem Wert, andere von reiner Schönheit. Ägypten atmete Kunst; in diesem fruchtbaren Klima wurden ohne Prahlerei in der Stille Formeln gefunden, die sogar noch heute schwer nachvollziehbar und überraschend sind. Die

■ **Libel F230**
by René Holten.
Artifort

ägyptische Macht und ihre strenge Organisation schufen die ersten Handelswege unter dem Schutz eines mächtigen Kriegerheeres und gleichzeitig wob eine intensive Religiosität unter kaiserlichem Schutz eine großartige Architektur in Städten voller Tempel und riesiger Pyramiden, wodurch das Aufkommen neuer Berufe erforderlich wurde, die in dieser tausendjährigen Zivilisation zum ersten Mal das Licht erblicken: Dekorateure, Bildhauer, Kunstgewerbler und alle anderen Berufe im Gefolge der Kunst.

Von Anfang an war das leicht gestaltbare Holz das ideale Material für die Anfertigung von Möbeln. In Ägypten herrschte Mangel an diesem Material, da dort nur Palmen, Tamarisken, Sykomoren und Weiden wuchsen, die für die Möbelherstellung nicht geeignet

■ English officetable
Guillermo IV. 1830.
Original piece (Antiquities
Fortuny)

n'avaient jamais existé auparavant dans cette civilisation millénaire: decorateurs, sculpteurs, artisans, penseurs et autres professionnels qui contribuent au développement de l'art.

Dans un premier temps, le bois qui est très souple apparaît comme le matériau idéal pour la fabrication de meubles. Le problème de l'Egypte était qu'elle en manquait, étant donné que sur son territoire ne poussaient que des palmiers, des tamarins, des sycomores, des saules et d'autres espèces qui sont en général inappropriées à la construction de meubles. Pour avoir du bois d'ébène il fallait donc l'importer du Soudan, comme l'olivier, le figuier, le cèdre ou le pin, qui venaient de Syrie et de Phénicie.

Il est curieux de noter qu'il existe dès le début deux façons de comprendre le mobilier : le meuble modeste n'avait pas de décorations, alors que le meuble destiné à la Cour était très sophistiqué et portait de l'or, de l'argent, de l'ivoire et d'autres matériaux précieux. Pour compléter ces finitions, les artistes dessinaient des bas-reliefs colorés de blanc, de rouge, de vert ou de jaune. Ils utilisaient aussi des cuirs, des broderies, des coussins et beaucoup

nen el valor de lo funcional y otras, el de la pura belleza.

Egipto respiraba arte, por lo que ese clima propicio permitió inventar sin alardes y en silencio fórmulas que incluso hoy en día siguen resultando un tanto desconocidas y sorprendentes. La potencia egipcia y su fuerte organización crean las primeras rutas comerciales, protegidas por un ejército poderoso y aguerrido, al mismo tiempo que una intensa religiosidad va tejiendo, bajo la protección imperial, una gran arquitectura que levanta pueblos llenos de templos y enormes pirámides, obligando con ello al nacimiento de otras profesiones que ven por primera vez la luz en aquella civilización milenaria: decoradores, escultores, artesanos, pensadores y cuantos profesionales coadyuvan a fortalecer el arte.

Desde un principio, por su docilidad en cuanto a la forma, la madera es el material idóneo para la construcción de muebles. El problema con el que se encontró Egipto fue la escasez de este material, ya que en su geografía sólo crecían palmeras, tamarindos, sicomoros, sauces y algunas otras especies, inadecuadas en general para utilizarlas en

■ Credence

la construcción de muebles. Por ello, el empleo de madera como el ébano suponía tener que importarla de Sudán, al igual que el olivo, la higuera, el cedro o el pino, procedentes de Siria y Fenicia.

enormous pyramids–which in turn gave birth to other professions: decorators, sculptors, craftsmen and thinkers were just some of those who were needed to develop this artistic creation.

Wood was the ideal material for making furniture as it was so easy to handle. The problem was that Egypt lacked this material, as it could only boast palm trees, tamarinds, sycamores, willows and other species that were largely unsuitable for furniture. So, ebony had to be imported from Sudan and olive, fig, cedar and pine trees came from Syria and Phoenicia.

■ *English secretary-bureau with oriental influence*

It is worth noting that, right from the start, there were two separate approaches to furniture; humble pieces devoid of any decorative features and, in contrast, furniture designed for use in the court, which displayed sophisticated adornments in silver, gold, marble and other precious materials, enriched by the use of reliefs and a variety of pure colors, such as white, red, green and yellow. Artist also took advantage of leather, embroidery, upholstery and a whole host of other elements that pay tribute to their imaginative powers and their eagerness to please emperors – considered living gods – who were themselves blessed with exquisite taste.

Modern furniture has inherited many features from Egyptian design, which was highly developed due to the richness of their

waren. Wenn man Hölzer wie z. B. Ebenholz verwenden wollte, musste es aus dem Sudan importiert werden; Oliven-, Feigen-, Zedern- oder Pinienholz kam aus Syrien und Phönizien.

Es mutet seltsam an, dass es von Anfang an zwei Konzeptionen von Mobiliar gab: das bescheidene Möbelstück, das auf jeden Schmuck verzichtete, und die Möbel am Hof mit künstlerischen Dekorationen in Gold, Silber, Elfenbein und anderen kostbaren Materialien. Für Letztere führten die Künstler Fluchtreliefs in verschiedenen, reinen Farben ein, Weiß, Rot, Grün oder Gelb. Desgleichen wurde Leder, Stickereien, Kissen und eine Vielzahl von Elementen verwendet, welche die große Sensibilität jener Künstler reflektierten, die es genossen, derart unwiderstehliche Stücke für den exquisiten Geschmack der Pharaonen – der lebenden Götter jener Zeit – herzustellen.

Vielfältig sind die noch erhaltenen Spuren des ägyptischen Mobiliars, dessen großer Aufschwung seiner hohen Kultur zu verdanken ist. Der Stuhl und die daraus entstandenen Sitzgelegenheiten wurden im alten Ägypten am meisten verwendet; gleich danach kamen die Tische, Betten zum Schlafen oder Ausruhen (zwischen Schlafen und Ausruhen bestand ein Unterschied), die Totenbetten sowie Truhen und deren Varianten. Alles Möbelstücke von

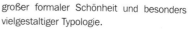

■ *Chair*

großer formaler Schönheit und besonders vielgestaltiger Typologie.

Diese Faktoren machen Ägypten zur Wiege der Geschichte der Möbel und überlassen

d'autres éléments qui traduisent leur grande sensibilité. En produisant des pièces aussi belles pour les empereurs (divinités vivantes à l'époque), ces artisans avaient la réputation d'être des personnes de très bon goût.

■ *Danish Sofa. 1770. Original piece*

On a conservé de nombreux vestiges du meuble égyptien, qui grâce au degré élevé de civilisation connut un grand développement. Les meubles les plus utilisés en Egypte ancienne étaient la chaise et ses dérivés, les tables, les lits pour dormir, ceux utilisés pour se reposer (ils faisaient la distinction entre ces deux activités), les lits funèbres, les coffres et ses variantes. Tous ces meubles étaient d'une grande beauté formelle et proposaient une typologie extrêmement variée.

Ces facteurs ont fait de l'Egypte le pays du meuble par excellence alors que les peuples du Moyen-Orient, comme l'Assyrie, la Sumérie ou la Perse tarderont plus dans ce domaine.

La Grèce classique s'est inspirée de l'Egypte. Les meubles mycéniens et ceux des îles des Cyclades peuvent être considérés comme les premiers exemplaires grecs. Les meubles atteignent leur plus haut degré de perfection et de beauté à l'Age d'Or, sous le règne de Périclès. Si la typologie des meubles grecs n'est pas beaucoup plus variée que celle des égyptiens (chaises,

Resulta curioso que desde un principio ya existiesen dos maneras de entender el mobiliario; el mueble modesto carecía de efectos preciosistas, todo lo contrario que el destinado al uso de la corte, en el cual se empleaban sofisticadas decoraciones, realizadas en oro, plata, marfil y otros materiales preciosos. En estos acabados los artistas introducían bajorrelieves y diversos colores puros como el blanco, el rojo, el verde o el amarillo. Asimismo, se servían de otros, bordados, almohadones y un sinfín de elementos que denotaban la gran sensibilidad de aquellos artesanos, quienes gozaban produciendo tan atractivas piezas para unos emperadores –divinidades vivientes en aquella época– que eran seres de gusto exquisito.

Muchos han sido los vestigios que se han conservado del mueble egipcio, que alcanzó un gran desarrollo debido al alto grado de civilización. Las piezas de más uso en el antiguo Egipto fueron la silla y sus diversas derivaciones; las mesas; las camas de noche, las de reposo (sabían distinguir entre dormir y descansar) y las fúnebres, así como los cofres y sus variantes. Todos ellos eran muebles de gran belleza formal y su tipología era especialmente variada.

Estos factores consiguen que sea en Egipto donde arranca la historia del mueble, que más tarde protagonizarán los pueblos de Oriente Medio, como Asiria, Sumeria, Persia...

La Grecia clásica bebió de la influencia egipcia. Los muebles micénicos y los de las islas Cícladas pueden considerarse los primeros ejemplos de mobiliario griego. Piezas que alcanzan su máximo esplendor y perfección en el Siglo de Oro, bajo el reinado

civilization. The most common pieces in ancient Egypt were the chair and its various derivations; the table; the night-time and day-time beds – they distinguished between sleeping and resting; burial furniture and chests and their variants. They were all characterized by great formal beauty and a wide diversity of designs.

These factors resulted in ancient Egypt being the launching pad for the history of furniture, which would later be dominated by regions in the Middle East such as Assyria, Sumeria, and Persia.

Classical Greece also imbibed the influence of ancient Egypt. The first examples of Greek furniture come from Mycenas and the Cyclade islands, although it reached its apogee in the Golden Age of the reign of Pericles. The types of furniture found in Greece do not greatly differ from those of Egypt – chairs, stools, chests, divans, small tables and little else. Roman furniture was clearly derived from Greek models, although as the Empire expanded it grew in sophistication until, in the last years of the Republic, it came to reflect the typically Roman taste for luxury and ostentation.

The Middle Ages used basically the same types of furniture as those of the latter years of Antiquity. Medieval kings and nobles were nomads and so their furniture frequently had to be transported from one place

■ Bench

später den Völkern des Vorderen Orients wie Assyrien, Sumerien und Persien die Hauptrolle.

Das klassische Griechenland öffnete dem ägyptischen Einfluss die Tür. Die mykenischen Möbel und die Möbel der Kykladen können als erste Beispiele griechischen Mobiliars betrachtet werden. Ihre sublimste Großartigkeit und Perfektion erreichten diese Stücke im Goldenen Jahrhundert unter der

■ **SLN330**. *Heltzer*

Herrschaft des Perikles. Die Vielfalt der griechischen Möbel unterschied sich nur wenig von der Ägyptens – Stühle, Hocker, Truhen, Diwane, kleine Tische – und bildete die Grundlage der Entwicklung des römischen Mobiliars. Seine Gestaltung wurde während der Machtentwicklung des Imperiums immer überladener und in den letzten Jahren der Republik zeigte es eine typisch römische Tendenz zu Luxus und Prunksucht.

Während des Mittelalters wurden grundsätzlich die gleichen Möbeltypen der letzten Jahre der Antike beibehalten. Die mittelalterlichen Könige und Grundbesitzer waren Nomaden und die Möbel wurden daher häufig transportiert. Es gab zwei Typen von Mobiliar: die festen Möbel, groß und schwer, die in den Schlössern und auf den Grundbesitzen verblieben, und leichtere, transportgeeignete Elemente.

Obwohl es gegen Ende des Mittelalters mit Goldfarben, Malereien und Ornamenten aus kostbarem Material luxuriös dekorierte Möbel gab, war der Großteil der Stücke von

■ *Danish Chair. 1760.*
Original piece

tabourets, coffres, divans, petites tables…), le meuble romain est pour sa part un parfait dérivé du meuble grec. Et alors que grandit le pouvoir impérial, se développe en parallèle jusqu'aux dernières années de la République, un goût typiquement romain pour le luxe et l'ostentation. On trouvait au moyen-âge à peu près les mêmes types de meubles que dans l'Antiquité. Les rois et les nobles étaient nomades et se déplaçaient souvent avec leurs meubles. C'est pour cela que l'on pouvait en trouver de deux sortes : ceux qu'on ne transportait pas parce qu'ils étaient lourds et volumineux et qu'on laissait dans les châteaux. Ceux, plus légers, que l'on pouvait facilement transporter.

Il est vrai qu'à la fin du moyen-âge existait des meubles finement parés de dorures, de peintures et de matériaux précieux. Cependant, la plupart des meubles étaient de petite qualité. Les conditions, ainsi que l'environnement peu sûr et en perpétuel changement, requéraient des meubles résistants et peu chers qui puissent supporter le voyage.

Alors qu'au moyen-âge on utilise beaucoup les coffres pour garder les vêtements, les chaises-pliantes et les bancs, au XIVe et XVe siècles, influencés par les flamands, on se met à créer des meubles plus raffinés. Durant la Renaissance et l'époque baroque, les coffres peints et les lits aux colonnes richement décorées sont les éléments les plus typiques. À la fin du XVIe siècle, la

de Pericles. Si la tipología de los muebles griegos no es mucho más variada que la que se encuentra en Egipto (sillas, taburetes, arcas, divanes, mesillas y poco más), el mueble romano es una clara derivación del griego, y a medida que el poder del imperio avanza va enriqueciéndose hasta llegar a los últimos años de la República, donde se refleja ese típico gusto romano por el lujo y la ostentación.

Durante la Edad Media se mantuvieron básicamente los mismos tipos de muebles de los últimos tiempos de la Antiguedad. Los reyes y hacendados medievales eran nómadas, por lo que los muebles debían trasladarse con frecuencia. Por ese motivo existían dos tipos de elementos de mobiliario: los fijos (voluminosos y pesados, que permanecían en castillos y propiedades) y otros más ligeros que permitían un transporte fácil.

Si bien es cierto que a finales de la Edad Media existían muebles adornados de manera lujosa con dorados, pinturas y ornamentos con materiales preciosos, la mayoría eran piezas de escasa calidad, ya que las condiciones y el entorno, poco seguro y nada estable, precisaban de elementos resistentes y baratos que pudieran soportar el trato que se les daba.

■ *e15 Design*

Si durante la Edad Media destacan las arcas para guardar ropas, las sillas plegables y los bancos, en los siglos XIV y XV se consiguió crear piezas de mobiliario de un mayor refinamiento gracias a las influencias flamencas. Durante el Renacimiento y el Barroco las camas con columnas generosa-

to another. So, two types of furniture emerged: large and heavy pieces that stayed in the castles and houses, and other lighter pieces that could be easily transported. While it is true that the end of the Middle Ages produced lavishly decorated furniture with gold inlays, paintings and ornaments made of precious materials, it was generally of low quality, as the instability and insecurity of the prevailing conditions demanded cheap and sturdy pieces that could withstand the rough treatment they received.

While the Middle Ages was characterized by chests for storing clothes, folding chairs and benches, the fourteenth and fifteenth centuries saw the emergence of more refined furniture, with Flanders becoming the chief center of influence. In the Renaissance and the Baroque period the most typical pieces were dec-orated chests and extravagantly decorated four-poster beds. At the end of the sixteenth century significant innovations occurred with respect to the typology of European furniture, partly due to changes in social customs.

An analysis of the furniture of the seventeenth century reveals more differences than affinities with respect to previous periods, even though at first sight there seems to be little change. This century is defined by its variety, the result of the conflict between exuberance and austerity. Another novelty of this period was the importation of

■ **Dining Table, Side Chair** *by Eliel Saarien. Adelta*

geringer Qualität, da infolge der wenig sicheren und unstabilen Umweltbedingungen widerstandsfähige und billige Möbel gebraucht wurden.

Wenn während des Mittelalters Truhen zum Aufbewahren von Wäsche, faltbare Stühle und Bänke den ersten Platz einnahmen, so wurde während des 14. und 15. Jahrhunderts dank des flämischen Einflusses ein raffinierteres Mobiliar geschaffen. Während der Renaissance und des Barock waren Betten mit großzügig geschmückten Säulen und dekorierte Truhen die typischen Vertreter. Ende des 16. Jahrhuderts erschienen im europäischen Mobiliar bedeutende Neuheiten im Vergleich zu der bestehenden Typologie; Veränderungen, die zum Teil eine Folge der Entwicklung gesellschaftlicher Traditionen waren.

Bei einer Analyse der Möbel des 17. Jahrhunderts und einer intensiveren Prüfung diese Epoche stellt man in dieser Zeit, trotz des auf den ersten Blick grundsätzlich familiären Eindrucks, mehr Differenzen als Gleichheiten fest. Die Vielfältigkeit dieses Jahrhundert ist das Ergebnis des Kampfes zwischen Überfluss und Strenge. Ein weiteres Phänomen ist der Import von Möbeln aus Indien und aus benachbarten Ländern. Darüber hinaus trat Frankreich seit dem 17. Jahrhundert mit Möbeln erstklassiger Qualität hervor: der Stil Ludwigs XIV. dominierte im Klassizismus. Anrichten und Konsolen sind hier die typischen Vertreter. Dagegen erweckte der Stil Ludwigs

typologie du meuble européen subit d'importants changements. Ces transformations correspondent en général au changement des habitudes sociales.

Bien qu'à première vue le mobilier du XVIIe siècle nous semble familier, si on analyse de plus près cette période, on constate plus de divergences que d'affinités. Ce siècle se caractérise en effet par la variété qui naît de la lutte entre exubérance et austérité. On voit aussi se mettre en place une importation de meubles venant d'Inde et des pays voisins. Au XVIIe siècle la France se distingue par la création de meubles de grande qualité. Le style Louis XIV se veut classique (on voit beaucoup de buffets et de consoles). Alors que le style Louis XV, avec pour designers Meissonnier et Oppenordt, a un air baroque et rococo. Enfin le classicisme revient à la mode avec le style Louis XVI.

Le meuble anglais règne sur le XVIIIe siècle. On remarque tout particulièrement à cette époque l'architecte néoclassique R. Adam, qui s'inspire des modèles romains aux formes simples et efficaces. À partir de la chute de Napoléon jusqu'en 1860, s'ouvre une ère de l'éclectisme.

Le créateur des nouvelles tendances est William Morris. Il a allégé la décoration (pour gagner en fonctionnalité) et s'est exprimé au moyen de matériaux comme le plastique ou le métal.

■ **KBS1120 – Kubis Bed-Queen**. *Heltzer*

mente adornadas se convirtieron en las piezas más típicas, así como las arcas decoradas. A finales del siglo XVI se producen importantes novedades en el mobiliario europeo en cuanto a la tipología existente; transformaciones que se producen en parte por los cambios que se dan en las costumbres sociales.

■ *e15 Design*

Si se analizan los muebles del siglo XVII y se repasa esa época más a fondo, se descubren en este periodo más diferencias que afinidades, a pesar de que en un principio este mobiliario parezca ofrecer a simple vista una mayor familiaridad. Este siglo se define por la variedad que nace de la lucha entre la exuberancia y la austeridad. Otra de las novedades de esta época es la importación de muebles de la India y países vecinos. Desde el siglo XVII Francia destaca en la creación de mobiliario de gran calidad: en el estilo Luis XIV predominó el clasicismo (aparadores y consolas son las piezas más destacadas). En cambio, en el estilo Luis XV, con Meissonnier y Oppenordt como diseñadores, llama la atención un aire barroco y rococó, estilos que volvieron la vista de nuevo al clasicismo con el estilo Luis XVI.

El mueble inglés se situó en cabeza en el siglo XVIII. Sobresale en esta época el arquitecto neoclásico R. Adam, que se inspiró en

furniture from India and neighboring countries. It also saw France emerge as the doyen of high-quality furniture: the Louis XIV style was dominated by Classical influences, with sideboards and console tables being the most outstanding pieces. In contrast, the Louis XV style, headed by the designers Meissonnier and Oppenordt, is remarkable for its Baroque and Rococo features, which gave way to Classicism once more in the Louis XVI style.

English furniture made all the running in the eighteenth century. The outstanding designer was the Neoclassical architect Adam, who drew on Roman models to create simple and functional forms. The fall of Napoleon, however, ushered in a period of eclecticism that lasted until 1860.

New approaches were pioneered by William Morris, who stripped away decorative features in favor of greater functionality and experimented with new materials like metals and plastics.

It is undoubtedly true to say that, in many ways, furniture underwent a more radical transformation in the first half of the nineteenth century than in the previous three hundred years – a period of innovation only comparable to the one that has been experienced from 1945 to the present day. Recent changes have been technical as well as stylistic, and they occur at an increasingly fast rate.

Today's furniture is passing through a phase marked by a diversity of influences, by eclecticism and plurality. Everything, or almost everything, is permissible, although the designer, despite enjoying absolute freedom at the drawing board, is in reality often overruled by the norms established by the market, by practical considerations and by prevailing trends.

XV. mit seinen Meistern Meissionnier und Oppenordt die Erinnerung an Barock und Rokoko, Stile, die mit dem Stil Ludwigs XVI. erneut Klassizistischen Einflüssen wichen.

Im 18. Jahrhundert nahmen die englischen Möbel den ersten Platz ein. In dieser Epoche ist ganz besonders der neoklassizistische Architekt R. Adam zu erwähnen, der sich von römischen Modellen mit einfachen und funktionellen Formen inspirieren ließ. Nach dem Untergang von Napoleon war bis 1860 der Eklektizismus beherrschend.

Der Schöpfer neuer Tendenzen war William Morris, der die Dekoration zugunsten der Funktionalität vereinfachte und neue Ausdrucksmaterialien suchte, wie z. B. Metall und synthetische Materialien.

Zweifellos erfuhren die Möbel in der ersten Hälfte des 19. Jahrhunderts einen radikaleren Wandel in ihrer Entwicklung als in den dreihundert Jahren zuvor. Eine Zeit der Erneuerung, die nur zu vergleichen ist mit dem Zeitraum zwischen 1945 bis heute. Wir sprechen von technischen und stilistischen Veränderungen, die sich immer schneller vollziehen.

Gegenwärtig durchlebt die Welt der Möbel eine Phase, die gezeichnet ist von einer Vielfalt von Einflüssen, Eklektizismus und Pluralität. Alles, oder fast alles, ist erlaubt und der Designer, der bei seiner Kreativität über eine absolute Freiheit verfügt, sieht sich oft als Sklave der Normen des Marktes, der Gesellschaft, der Ansprüche und der gerade herrschenden Moden.

■ **Little Tulip F163** *by Pierre Paulin. Artifort*

Il ne fait aucun doute que sur de nombreux aspects, le meuble a subi plus de transformations durant toute la première moitié du XIXe siècle qu'en trois cents ans. Ce fut une période d'inventions uniquement comparable avec celle que l'on connaît depuis 1945. Les changements, aussi bien techniques qu'esthétiques, sont assimilés chaque fois plus vite.

Actuellement, le monde du meuble est marqué par la disparité des influences, l'éclectisme et la pluralité. Presque tout est permis. Cependant, le designer, même s'il dispose d'une liberté absolue lorsqu'il crée, doit souvent se soumettre aux normes que le marché, la société, les nécessités et les modes lui imposent.

modelos romanos con formas simples y funcionales. Desde la caída de Napoleón hasta 1860, se abrió un periodo de eclecticismo.

El creador de las nuevas tendencias fue William Morris, que redujo la decoración (ganando funcionalidad) y buscó nuevas materias de expresión, como los metales y los plásticos.

Sin duda, en muchos aspectos, el mueble sufrió una transformación más radical durante la primera mitad del siglo XIX que en los trescientos años anteriores. Un periodo de innovación comparable sólo con el que se ha vivido desde 1945 hasta la actualidad. Se trata tanto de cambios técnicos como estilísticos. Cambios que siguen produciéndose cada vez de una manera más veloz.

Actualmente el mundo del mueble vive una etapa marcada por la disparidad de influencias, el eclecticismo y la pluralidad. Todo o casi todo está permitido, y el diseñador, a pesar de disponer de libertad absoluta de movimientos a la hora de crear, a menudo se encuentra supeditado a las normas que el mercado, la sociedad, las necesidades y las tendencias le marcan.

■ **Sosta** *by Kristiina Lassus. Poltronova*

■ **Ball Chair** *by Eero Aarnio. Adelta*

D

Design

Design

ESIGN

Diseño

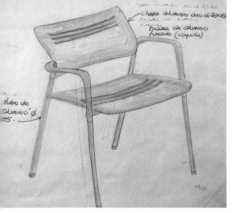

■ **Toledo** by Jorge Pensi. Amat

Design came into being to take advantage of technological developments – a role it still performs, although it is far from the only one – and it grew into the esthetic revelation of the twentieth century by becoming a part of everyday life.

Design is here to stay, whether we like it or not. It is indispensable for most of us, as we have to deal with it day after day. We are surrounded by "designs"; they are the mirror of our age and are constantly on show. From the ballpoint pen with which we fill in a crossword to our toothbrush, the bed we sleep in, the clothes we wear or the shelter where we wait for our bus – everything has been passed through the filter of design and its influence is widespread and varied, embracing all types of objects and products. It enshrouds everything; it enshrouds us.

Design has often been defined as the conception and elaboration of all the objects created by human beings, as a tool to improve our quality of life. It could be said that design is what makes it possible to create "something" that covers a need nobody had thought of before. In fact, most design is

Das Design wurde als Echo der technologischen Entwicklung geboren – eine Rolle, wenn auch nicht die einzige, die es immer noch innehat – und es wurde zur ästhetischen Offenbarung des 20. Jahrhunderts; indem es Teil des Alltags wurde.

Das Design ist nicht mehr wegzudenken, unentbehrlich für alle, die sich Tag für Tag mit ihm befassen müssen. Wir sind umgeben von "Designs", sie sind der Spiegel der Zeit und immer an vorderster Stelle. Angefangen vom Kugelschreiber für das Kreuzworträtsel bis zur Zahnbürste, vom Bett bis zur Kleidung oder sogar der Bushaltestelle ... alles geht durch den Filter des Designs, sein Einfluss ist breitgefächert und vielfältig und bezieht alle Gegenstände, alle Produkte mit ein. Es umhüllt alles. Es umhüllt uns.

Design wurde oft definiert als Konzept und Gestaltung aller vom Menschen geschaffenen Gegenstände, ein Werkzeug zur Verbesserung unserer Lebensqualität. Man könnte sagen, dass das Design die Schöpfung von "Etwas" ist, das ein Bedürfnis erfüllt, an das niemand zuvor gedacht hat. Es trifft zu, dass

■ **Orange Slice** by Pierre Paulin. Artifort

Nació para hacerse eco del desarrollo tecnológico –papel que continúa desempeñando, aunque no es el único– y se convirtió en la revelación estética del siglo XX al elevarse a la categoría de lo cotidiano.

El diseño está ahí por mucho que nos pese. Es indispensable para la mayoría, ya que tenemos que lidiar con él día tras día. Estamos rodeados de "diseños", son el espejo de un tiempo y se exponen constantemente. Desde el bolígrafo con el que hacemos los crucigramas hasta el cepillo de dientes, la cama en la que dormimos, la ropa que nos cubre o la parada en la que esperamos el autobús... todo ha pasado por el filtro del diseño y su influencia es amplia y variada, abarcando todo tipo de objetos y productos. Lo envuelve todo. Nos envuelve.

A menudo se ha definido el diseño como la concepción y elaboración de todas las piezas creadas por ser humano, una herramienta para mejorar nuestra calidad de vida. Podría decirse que el diseño es aquello que permite crear "algo" que cubra una necesidad en la que antes nadie había pen-

Le design est né pour faire échos au développement technologique (rôle parmi d'autres qu'il continue de jouer), puis il est devenu la révélation esthétique du vingtième siècle en passant au stade du quotidien.

Comme on peut le sentir, le design est très présent. Il est indispensable à la plupart des gens puisque chaque jour on a affaire à lui. Nous sommes en effet entourés de « designs », qui sont la parfaite expression de notre temps. Depuis le stylo avec lequel nous faisons des mots croisés jusqu'à la brosse à dents, mais aussi le lit dans lequel nous dormons, les vêtements que l'on porte ou l'arrêt de bus... tout passe par le concept du design. Il influence amplement et de façon variée n'importe quel type d'objets et de produits. En somme le design nous enveloppe tout entier.

On a souvent défini le design comme la conception et l'élaboration des meubles que crée l'être humain. Ce sont des outils qui ont pour fonction d'améliorer notre qualité de vie. On pourrait dire que le design est ce qui permet de créer un objet remplissant une fonction à laquelle on n'avait jamais

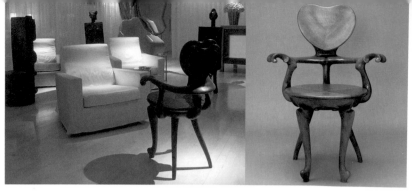

■ **Calvet** *by Antoni Gaudi 1903. AZ Disseny (Ambient photo: Mihail Moldoveanu)*

based on common sense and the remainder — a very small part — is devoted to esthetics and appearance, although for many people these factors undoubtedly become the main and most interesting features.

Although some people insist that if something has not been designed it cannot be made, in fact it was maybe the case that it was not the right moment: on another occasion it may be feasible to create it.

Although it may seem otherwise, design is not a new discipline; design permeates everyday life, it is within reach of everybody and it has accompanied human beings since time immemorial. However, it is true that the origins of design, as we understand it today, lie in the Industrial Revolution and the appearance of mechanized production. Whereas objects and furniture were once totally handmade and the responsibility of a single

das Design sich in erster Linie auf den gesunden Menschenverstand beruft, und dass nur ein sehr kleiner Teil der Ästhetik, dem Aussehen, Wichtigkeit zumisst; Faktoren, die dennoch für viele zweifellos zu den wesentlichsten und interessantesten Merkmalen geworden sind.

Entgegen der Behauptung, dass, wenn etwas noch nicht entworfen wurde, es auch nicht hergestellt werden kann, könnte man einwenden, dass vielleicht der richtige Moment noch nicht gekommen war und dass die Erschaffung dieses Werkes zu einem späteren Zeitpunkt möglich werden wird.

Es handelt sich hier nicht um eine neue Disziplin; das Design steht mitten im täglichen Leben, allen zugänglich, und begleitet den Menschen seit undenkbaren Zeiten, obwohl sein Ursprung nach unserem heutigen Verständnis in der industriellen Revolution und dem Auftreten der mechanisierten Produktion zu finden ist. Selbst wenn die Herstellung von Gegenständen und Mobiliar anfangs eine rein kunstgewerbliche Arbeit und die Schöpfung eines Einzelnen war, hat das Design mit dem Aufkommen der industriellen Produktion und der Arbeitsteilung neue Dimensionen angenommen.

■ **Tomato Chair** *by Eero Aarnio. Adelta*

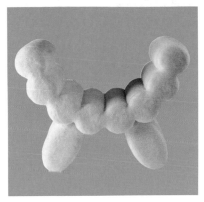

■ **Tururú** *by Teresa Sepulcre. Tes*

pensé auparavant. De ce fait, la majeure partie du design se base sur le sens commun. Une petite partie s'intéresse aussi à l'esthétique et à l'aspect ; qui sans aucun doute sont pour beaucoup les facteurs les plus importants et les plus intéressants.

Certains s'obstinent à penser qu'on ne peut réaliser aucun objet sans l'avoir conçu auparavant. Peut-être cela tient-il surtout à une question de moment.

Contrairement à ce que l'on pourrait penser, il ne s'agit pas là d'une nouvelle discipline. Le design est à la portée de tout le monde et empreint la vie quotidienne. Même si on fait remonter ses origines à la Révolution Industrielle et à la production mécanisée, on peut dire que le design accompagne l'homme depuis des temps immémoriaux. Au début, la fabrication d'objets et de meubles était totalement artisanale et son auteur était un créateur individuel. Mais avec l'apparition des nouveaux procédés de fabrication industrielle et la répartition du travail, le design prend une nouvelle dimension.

Dans un premier temps, le design est perçu comme appartenant à un des multiples aspects de la production mécanique. Pour-

sado. De hecho, la mayor parte del diseño se basa en el sentido común y el resto, una parte muy pequeña, es la que concede importancia a la estética, al aspecto; factores que sin duda se convierten para muchos en los rasgos principales y más interesantes.

Aunque algunos se empeñan en afirmar que si algo no se ha diseñado no se puede hacer, lo cierto es que quizá se deba a que no sea ese el momento oportuno: en otra ocasión puede que sí sea factible crearlo.

Contrariamente a lo que pudiera parecer, no se trata de una disciplina nueva; el diseño rodea la vida cotidiana, está al alcance de todos y ha acompañado al hombre desde tiempo inmemorial, aunque es cierto que sus orígenes, tal y como los entendemos hoy, pueden encontrarse en la Revolución Industrial y la aparición de la producción mecanizada. Si en un principio la fabricación de objetos y mobiliario era totalmente artesanal y su autor era un creador individual, con la aparición de los nuevos procesos de fabricación industrial y la división de trabajo el diseño toma una nueva dimensión.

■ **Clea** *by Kristina Lassus. Zanotta*

Design by Jean-Marc Gady

Zu Beginn wurde das Design lediglich als einer der vielen, mit der mechanischen Produktion verknüpften Aspekte betrachtet. Das Konzept ging ursprünglich von keiner industriellen, theoretischen oder philosophischen Grundlage aus, und sein Einfluss auf Industrie und Gesellschaft war unwesentlich.

Das moderne Design entstand dank der reformistischen Designer des 19. Jahrhunderts, unter ihnen William Morris, der versuchte, Theorie und Praxis auf einen Nenner zu bringen. Seine Ideen zeigten keine unmittelbaren Ergebnisse, da er sich weiterhin kunstgewerblicher Produktionsmittel bediente. Die reformistischen Vorstellungen waren jedoch grundlegend für die Entwicklung der modernen Bewegung. Das "moderne" Design setzte sich erst Anfang des 20. Jahrhunderts dank Persönlichkeiten wie Walter Gropius, Gründer des Bauhaus im Jahr 1919, durch, der mit Hilfe der neuen Produktions-

creator, the emergence of new industrial processes and the ensuing division of labor gave design a whole new dimension.

At first design was considered just one of the many interrelated aspects of mechanical production. It had no industrial, theoretical or philosophical basis and had little impact on either the industrial process or on society as a whole.

Modern design emerged thanks to the reforming designers of the nineteenth century, particularly William Morris, who tried to unite theory and practice. His ideas did not immediately bear fruit as he continued using craft techniques; despite this, the reforming ideas were fundamental to the development of this modern movement. "Modern" design did not take root until the early twentieth century, as a result of the efforts of men like Walter Gropius – the founder of the Bauhaus in 1919 – who used the latest means of production to integrate theory and practice in design. The Bauhaus was born from a vocation to bring commercial reality closer to so-

Regina *by Jorge Pensi. Grupo B.Lux*

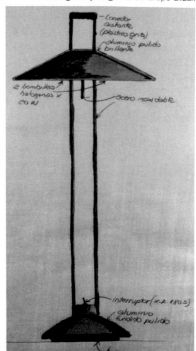

tant sa conception originelle ne se base sur aucune théorie ou philosophie de l'industrie. Il a donc peu d'impact tant sur le processus industriel que sur la société.

Le design moderne est apparu grâce aux designers réformistes du XIXe siècle. On retient parmi eux le nom de William Morris, qui tenta d'allier théorie et pratique. Ses concepts n'aboutirent pas à un résultat immédiat étant donné qu'il continuait d'utiliser des moyens de production artisanaux. Cependant, les idées réformistes furent fondamentales pour le développement de ce mouvement moderne. Un design «moderne» qui ne se serait pas implanté dès le début du

En un primer momento el diseño se entendía como uno más de los múltiples aspectos interrelacionados con la producción mecánica. En su concepción no aparecía originariamente ninguna base industrial, teórica o filosófica y ejercía un escaso impacto tanto sobre el proceso industrial como sobre la sociedad.

El diseño moderno surgió gracias a los diseñadores reformistas del siglo XIX, entre los que destaca William Morris, que intentó aunar teoría y práctica. Sus concepciones no tuvieron unos resultados inmediatos ya que continuaba utilizando medios de producción artesanales. A pesar de esto, las ideas reformistas fueron fundamentales para el desarrollo de ese movimiento moderno. Un diseño "moderno" que no se implantaría hasta principios del siglo XX, gracias a personajes como Walter Gropius -fundador de la Bauhaus en 1919-, que integraron gracias a los nuevos medios productivos la teoría y la práctica del diseño. La Bauhaus nació con la vocación de acercar la realidad comercial a la ideología social y conseguir una respuesta óptima a la nueva cultura tecnológica que existía. El diseño moderno debía unir intere-

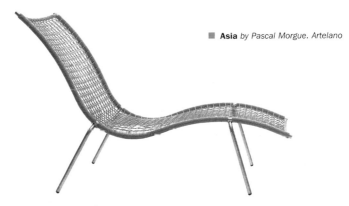

cial ideals and take the maximum possible advantage of the new technological culture that had emerged. Modern design had to unite intellectual, commercial, esthetic and practical interests through artistic endeavor and the exploitation of technology.

This development encouraged new approaches to design, such as the concepts that were later explored in the new Bauhaus, founded in Chicago in 1937 by Lászo Moholy-Nagy, and in the Hochschule für Gestaltung, Ulm, which was created in 1953. Both these institutions made a significant contribution to the debate on the practical application of design theory in relation to new methods of industrial production.

In the twentieth century the theories, styles and products associated with design were highly diverse and eclectic, due to the great complexity involved in the technical innovations.

This plurality is also partly due to changes in models of consumption, tastes and markets, as well as the emergence of new trends in design. These days, a product cannot be fully understood in isolation from its cultural,

■ **How Slow the wind** *by Kazuhiro Yamanaka*

■ **Hänsgrum** *by Michael Koenig*

mittel Theorie und Praxis integrieren konnte. Die Berufung des Bauhaus war es, die wirtschaftliche Realität sozialen Idealen anzunähern und den größtmöglichen Nutzen aus der neu entstandenen technologischen Kultur zu ziehen. Das moderne Design sollte durch künstlerische Aktivitäten und technische Auswertung intellektuelle, wirtschaftliche, ästhetische und praktische Interessen vereinen.

Dies begünstigte neue Herangehensweisen an das Design. Später wurden im neuen Bauhaus in Chicago, das 1937 von Lászlo Moholy-Nagy gegründet wurde, und in der Hochschule für Gestaltung, Ulm, die 1953 entstand, neue Vorschläge entwickelt. Beide Institutionen brachten bedeutende Beiträge zu den neuen Ideen über die Vereinigung von Theorie und Praxis mit den neuen industriellen Produktionsmethoden.

Im 20. Jahrhundert werden die Vorstellungen, die Theorien, die Stile und Produkte dieser Disziplin infolge der Komplexität des modernen Designs sehr uneinheitlich und verschiedenartig.

Diese Verschiedenartigkeit ist sowohl den Veränderungen der Konsumgüter, des Geschmackes, der technologischen Prozesse, des Marktes als auch den unterschiedlichen

XXe siècle sans des personnalités capables de joindre, grâce aux nouveaux moyens de production, la théorie à la pratique. On peut citer à titre d'exemple Walter Gropius, qui fonda le Bauhaus en 1919. Son but était de conduire la réalité commerciale vers une idéologie sociale tout en tirant profit au maximum de la nouvelle culture technologique. Autrement dit, le design moderne voulait réunir des intérêts intellectuels, commerciaux, esthétiques et fonctionnels à travers une activité artistique basée sur la technologie.

Cela permit de favoriser les nouvelles façons de comprendre et de penser le design. Les projets de Gropius furent développés plus tard dans la nouvelle Bauhaus de Chicago fondée en 1937 par Làszo Moholy-Nagy, et dans la Hochschule für Gestaltung, Ulm, crée en 1953. Ces deux institutions furent d'un apport considérable pour les nouvelles idées portant sur la réunion de la théorie et de la pratique du design, en relation avec les nouvelles méthodes industrielles de production.

Au XXe siècle, les conceptions, les théories, les styles, les produits… sont dans ce domaine variés et divers. Cela explique le fait que le processus de design est aujourd'hui très complexe.

Cette pluralité se doit aussi en partie aux changements d'habitudes de consommation, de goûts, sans oublier les processus technologiques, le marché ou les différentes

■ *Design by Kazuhiro Yamanaka*

ses intelectuales, comerciales, estéticos y prácticos mediante la actividad artística y el aprovechamiento tecnológico.

Esto consiguió favorecer nuevas maneras de entender y pensar sobre el diseño. Unos propósitos que se desarrollaron posteriormente en la nueva Bauhaus de Chicago fundada en 1937 por Lászo Moholy-Nagy y en la Hochschule für Gestaltung creada en Ulm, en 1953. Ambas instituciones efectuaron una aportación significativa a las nuevas ideas sobre la unión de la teoría y la práctica del diseño en relación con los nuevos métodos industriales de producción.

En el siglo XX, las concepciones, las teorías, los estilos, los productos… sobre esta disciplina son tan eclécticos como dispares a consecuencia de la gran complejidad que envuelve actualmente el proceso de diseño.

Esa pluralidad también se debe, en parte, a los cambios en los modelos de consumo, los gustos, los procesos tecnológicos, el mercado o las diferentes tendencias del diseño existentes. Hoy en día, estos productos no pueden entenderse desvinculados de contextos culturales, económicos, tecnológicos, políticos o sociales… ya que dichos factores se encargan precisamente de su con-

■ *Design by Kajsa Hagskog*

■ *Design by O.Gossart*

■ **Duna** *by Jorge Pensi. Cassina*

economic, technological, political and social context, because especially these are the elements which determine the design and its realization. The link between design and economics, for example, can be seen in the fact that a boom period is characterized by an exuberance of forms and a predominance of objects that emphasize stylistic criteria, whereas in lean periods design becomes more rational and functional and focuses on a search for simplicity, for the essential.

All in all, the variety and richness that have marked the evolution of this discipline is remarkable. Design must not be considered as merely a process with close links to mechanized production; nowadays it must also be seen as a very effective means of conveying ideas and values – as well as the reflection of a designer's personality and thinking.

All this means that there is no overriding consensus as regards design theory; on the contrary, what most distinguishes it is pre-

Tendenzen des Designs zuzuschreiben.

Heute sind diese Produkte von kulturellen, wirtschaftlichen, technologischen, politischen oder sozialen Zusammenhängen nicht mehr zu trennen, denn gerade diese Faktoren übernehmen die Gestaltung und Realisierung. Den Zusammenhang zwischen Design und Wirtschaft beweist zum Beispiel die Tatsache, dass in guten und euphorischen Zeiten der Schwerpunkt mehr auf der Form und der stilistischen Schönheit der Gegenstände liegt, während das Design sich in mageren Jahren auf der Suche nach dem Wesentlichen und der Einfachheit mehr an Rationalismus und Funktionalität hält.

Die Vielseitigkeit und die Entwicklung dieser Disziplin ist einfach beeindruckend. Abgesehen davon, dass das Design heute als ein eng mit der mechanisierten Produktion verbundener Prozess verstanden wird, dient es in der Gegenwart zur wirkungsvollen Kanalisierung von Ideen und Werten und vermittelt einen Eindruck über Charakter und Denkensweise des Designers.

■ **Scribble** *by Alessandra Dini. NYW*

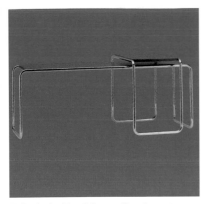

tendances en design. De nos jours, on ne peut ces pas comprendre un produit sans le replacer dans son contexte culturel, économique, technologique, politique, social… puisque ce sont justement ces facteurs qui déterminent sa conception et de sa réalisation. Le fait que dans les périodes de prospérité ou d'euphorie économique on accentue les formes et les éléments mettant le style en valeur, alors que dans les époques « vaches maigres » le design est plus rationnel, fonctionnel et va à l'essentiel, montre bien le lien entre design et économie.

La variété et l'évolution qu'a connues cette discipline est impressionnante. Le design, en plus d'être un processus intimement lié à la production mécanisée, doit aussi être considéré maintenant comme un moyen efficace pour faire passer des idées et des valeurs. C'est une vision particulière du caractère et des pensées du designer.

Cela implique qu'il n'y a pas d'unité dans la théorie du design, puisque ce qu'elle met en lumière, c'est justement la pluralité.

Pour arriver à cette situation actuelle,

cepción y realización. El nexo entre diseño y economía, por ejemplo, lo demuestra el hecho de que en periodo de bonanza y euforia económica se intensifican las formas y predominan los objetos que dan mayor importancia al estilo, mientras que en épocas de "vacas flacas" el diseño mira hacia el racionalismo y la funcionalidad; busca más la esencia, la simplicidad.

Con todo, la variedad y la evolución que ha experimentado la disciplina es impresionante. El diseño, además de entenderse como un proceso íntimamente ligado a la producción mecanizada, debe concebirse en la actualidad como un canal, muy eficaz, a través del cual transmitir ideas y valores, así como una visión particular sobre el carácter y el pensamiento del diseñador.

Esto implica que no exista una unificación en la teoría del diseño, puesto que lo que más destaca es, precisamente, la pluralidad.

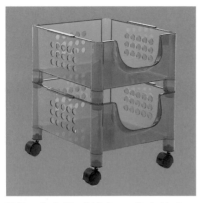

■ **Dove** by Andries & Hiroko van Onck. Magis

cisely its plurality.

The road to this plurality is marked by a host of movements, schools, designers and concepts that have jostled for position and have all helped to mold the theory and practice of design over the years. They have given the discipline an impetus and have made it progress by applying new media, materials and technical processes, and by dreaming up innovative projects and creations that have undoubtedly had an impact on society and culture as a whole.

From Alvar Aalto to Philippe Starck, there are many designers who have presented their own personal vision of reality through their creations. The main purpose of this book is not to cover the work of all these artists – a titanic task doomed to failure – but we would nevertheless like to remember some of the figures who have earned their

Das heißt, dass es in der Theorie des Designs keine Vereinheitlichung gibt, sondern dass im Gegenteil die Vielfältigkeit den Ton angibt.

Der heutigen Situation sind viele Bewegungen, Schulen, Designer und Konzepte vorausgegangen, die im Verlauf der Jahre Theorie und Praxis des Designs geformt, die Entwicklung dieser Disziplin durch Verwendung neuer Mittel, Materialien und technischer Prozesse gefördert, sowie mit Projekten, Ideen und innovativen Kreationen zweifellos Gesellschaft und Kultur beeinflusst haben.

Ausgehend von den Kreationen von Alvar Aalto bis Philippe Starck haben viele Designer ihre besondere Vision der Realität zum Ausdruck gebracht. Es ist nicht die Absicht dieses Bandes, hier die Werke aller großen Designer zusammenzufassen, was ein gigantisches, zum Scheitern verurteiltes Unternehmen wäre. Es soll jedoch an einige Namen erinnert werden, die durch ihre Verdienste zu einem Teil der Geschichte des Designs beigetragen haben, dieses heute so besondere Spektrum mitgestaltet haben,

■ **Juicy Sally** by Philippe Starck. Alessi

■ **Estrossa** by Gianni Osgnach. Dilmos ■ Design by Robert Wettstein

nombreux furent les mouvements, les écoles, les designers, les concepts...qui se sont succédé et qui ont entrepris au fil des ans d'allier théorie et pratique du design. A partir de l'application de nouveaux moyens, matériaux et procédés techniques, ils ont permis à cette discipline de se développer. Leurs projets, leurs idées et leurs créations inventives ont sans aucun doute influencé la société et la culture.

De Alvar Aalto à Philippe Starck, nombreux sont les designers qui ont exprimé à travers leurs créations leur vision particulière de la réalité. Résumer le travail de tant de professionnels serait une tâche titanesque vouée à l'échec. Et tel n'est pas le but de ce livre. Nous aimerions néanmoins citer quelques noms qui sont entrés dans l'histoire du design par la force de leurs mérites. Ces designers ont permis de rendre si particulier le panorama qui s'offre à nous aujourd'hui. Ils ont également influencé et continuent d'inspirer les professionnels actuels.

Les pièces qu'ils ont créées peuvent être considérées comme des «classiques

Para llegar a esta situación actual, han sido muchos los movimientos, escuelas, diseñadores, conceptos... que se han sucedido y se han encargado de moldear durante el transcurso de los años la teoría y la práctica del diseño. Ellos han impulsado y han hecho avanzar el desarrollo de esta disciplina con las aplicaciones de nuevos medios, materiales y procesos técnicos, con proyectos, ideas y creaciones innovadoras que han influido, sin duda, en la sociedad y la cultura.

De Alvar Aalto a Philippe Starck, muchos son los diseñadores que han mostrado su particular visión de la realidad a partir de sus creaciones. Resumir el trabajo de tantos profesionales en estas páginas no es el cometido principal del presente volumen, además de convertirse en una labor titánica condenada al fracaso. Aun así, queremos recordar algunos nombres que han entrado a formar parte de la historia del diseño por méritos propios y han ayudado a configurar este panorama tan particular que hoy existe, a la vez que han influido y siguen inspirando a los profesionales actuales.

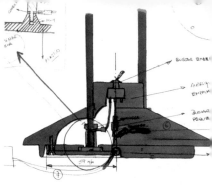

■ **Regina** by Jorge Pensi. Grupo B.Lux.

place in the history of design and have helped to make today's design scene so distinctive by influencing and inspiring contemporary designers.

The pieces that these artists created can be considered "modern classics", as years after they were first produced they remain unsurpassed and serve as models for subsequent generations.

The contribution of **William Morris** (1834–1896) is crucial. His reforming ideas, in both the social and artistic spheres, were based on those of Ruskin. One of his aims was to bring "good design" to the masses, but his rejection of mass production meant that his pieces were expensive and only accessible to a wealthy elite. Morris was one of the main champions of the Arts and Crafts movement; he advocated the primacy of utility, simplicity and suitability over luxury. Producing high-quality pieces and the idea of design as a democratic tool were concepts that were fundamental to the emergence of the modern movement.

Meanwhile, in Barcelona, **Antoni Gaudí**

■ **Felt Stool** by Hella Jongerius. Capellini

und die weiterhin die gegenwärtigen Vertreter beeinflussen und inspirieren.

Die Werke dieser Meister können als "zeitgenössische Klassiker" betrachtet werden, denn viele Jahre nach ihrer Entstehung sind diese Designs immer noch modern und stehen den neuen Designern Modell.

Einen wesentlichen Beitrag erbrachte **William Morris** (1834–1896). Seine sowohl sozial als auch künstlerisch reformistischen Ideen haben ihren Ursprung bei Ruskin. Einer seiner Vorschläge war, den Massen ein "gutes Design" zu vermitteln, aber da er auf Serienproduktion verzichtete, waren seine Objekte überteuert und konnten nur von einer wohlhabenden Minderheit erworben werden. Er war einer der wichtigsten Verteidiger der Arts & Crafts Bewegung. Er betonte den Vorrang der Nützlichkeit, der Einfachheit und die Gleichstellung gegenüber dem Luxus. Die Herstellung von qualitativen Gegenständen und die Konzeption des Designs als demokratisches Werkzeug waren die grundsätzlichen Ideen zu Beginn der Bewegung der Moderne.

contemporains». En effet, plusieurs années après avoir été conçus ces designs sont restés inégalés et sont toujours des modèles pour les nouveaux designers.

L'apport de **William Morris** (1834–1896) a été fondamental. Ses idées réformistes, tant sur le plan social qu'au niveau artistique, se basent sur celles de Ruskin. Une de ses ambitions était de transmettre aux masses le goût pour le «bon design». Cependant, en renonçant à la production en chaîne, ses objets devinrent des pièces chères que seule une minorité fortunée pouvait s'offrir. Il fut également un des principaux défenseurs du mouvement Arts & Crafts. Il accordait une importance primordiale à l'utilité et à la simplicité, en accord avec le luxe. Ces idées : produire des pièces de qualité et conceptualiser le design comme un outil démocratique, furent essentielles pour les débuts du mouvement moderne.

Au même moment, **Antoni Gaudí** (1852–1926) proposait ses idées révolutionnaires. Cet inclassifiable architecte catalan misa sur une vision particulière de la réalité et la ma-

Las piezas que han creado estos profesionales pueden considerarse "clásicos contemporáneos", ya que muchos años después de haber sido concebidos, estos diseños siguen sin estar superados y son modelo para los nuevos diseñadores.

La aportación de **William Morris** (1834–1896) es esencial. Sus ideas reformistas, tanto sociales como artísticas, se basan en las de Ruskin. Entre sus propósitos estaba el de transmitir a las masas el "buen diseño", aunque al renunciar a la producción en serie provocó que sus objetos se convirtieran en piezas caras que sólo una minoría adinerada podía adquirir. Fue uno de los principales defensores del movimiento Arts & Crafts. Entre sus ideas primaba la supremacía de la utilidad, la simplicidad y la adecuación frente al lujo. Producir piezas de calidad y la concepción del diseño como herramienta democrática fueron las ideas fundamentales en los orígenes del movimiento moderno.

Mientras, en Barcelona **Antoni Gaudí** (1852–1926) introducía sus revolucionarias ideas. El inclasificable arquitecto catalán

■ **Panton** by Verner Panton   ▨ **How High the Moon** by Shiro Kuramata. Vitra

■ **K10** *by Erich Brendel. Tecta*

(1852–1926) was introducing his revolutionary ideas. This unclassifiable Catalan architect espoused a distinctive view of reality that bore fruit in work that has survived until today. His deep respect for nature and his boundless imagination still inspire artists in every field and he is widely admired. Gaudí was a prolific artist who did not confine himself to architecture: his projects were all-embracing and his designs for furniture, which were never mass-produced, are worthy of mention, being not only singularly expressive and beautiful but also comfortable and ergonomic.

Frank Lloyd Wright (1867–1959) is another outstanding figure. His roots also lie in the Arts and Crafts movement but he later broke away to explore other styles. A deep respect for nature and a belief in human values are the distinguishing features of this precursor of organic design, who tried to symbolize the essence of Nature and Man. This humanist's work still exerts a strong influence.

The approach of **Charles Rennie Mackintosh** (1868–1928), in both architecture and design, included the use of symbolism and

Während dieser Zeit führte **Antoni Gaudi** (1852–1926) in Barcelona seine revolutionären Ideen ein. Der sich jeder Klassifizierung entziehende katalanische Architekt entschied sich für eine ganz besondere Vision der Realität, die er in ein Werk umsetzte, das bis heute erhalten geblieben ist. Seine tiefe Achtung vor der Natur, seine grenzenlose, unbeschreibliche Phantasie und Genialität inspirieren noch heute die Vertreter aller Bereiche und genießen große Bewunderung. Gaudi war ein vielseitiger Künstler, der sich nicht nur der Architektur widmete: seine Projekte beanspruchten Vollständigkeit, das Design seiner niemals in Serie hergestellten Möbel ist erwähnenswert, denn sie sind außergewöhnlich ausdrucksvoll und schön, gleichzeitig bequem und ergonomisch.

Frank Lloyd Wright (1867–1959) gehört ebenfalls zu den Großen. Seine Ursprünge gehen auf die Arts & Crafts Bewegung zurück, von der er sich jedoch später distanzierte, um sich anderen Stil zuzuwenden. Seine tiefe Achtung vor der Natur und sein

■ **El Lissitzky**. *Tecta*

apostó por una particular visión de la realidad materializándola en una obra que ha llegado hasta nuestros días. Su profundo respeto por la naturaleza, su increíble imaginación y genialidad, que no conocía límites, sigue inspirando a profesionales de todos los ámbitos y continúa siendo admirada. Gaudí fue un artista prolífico que no sólo se ocupó de la arquitectura: sus proyectos eran integrales, por lo que sus diseños de muebles, que nunca se produjeron en serie, merecen ser recordados al tratarse de piezas especialmente expresivas y bellas, pero a la vez confortables y ergonómicas.

Frank Lloyd Wright (1867–1959) es otro de los grandes. Sus orígenes se enmarcan también en el movimiento Arts & Crafts, del que posteriormente se distanciará para explotar otros estilos. Su profundo respeto por la naturaleza y su creencia en los valores humanos están presentes en la obra de este precursor del diseño orgánico que intentaba simbolizar la esencia de la naturaleza y del hombre. El trabajo de este humanista sigue ejerciendo una gran influencia.

El enfoque, tanto arquitectónico como del diseño, de **Charles Rennie Mackintosh** (1868–1928) incluía el uso del simbolismo

térialisa dans une œuvre que l'on peut encore apprécier de nos jours. Son profond respect pour la nature, son incroyable imagination mais surtout son géni illimité, continue d'être admiré et d'inspirer des professionnels de tous les horizons. Gaudí a été un artiste productif qui ne s'est pas seulement intéressé à l'architecture ; ses projets étaient complets. Les designs qu'il a conçus pour certains meubles, même s'ils n'ont jamais été produits en série, méritent qu'on rappelle leur expressivité, leur grande beauté et leur confort ergonomique.

Frank Lloyd Wright (1867–1959) est lui aussi un personnage important. Ses débuts sont marqués par le mouvement Arts &

■ **Utrecht charir** *by G.T. Rietveld. 1935.*
Cassina (photo: Pere Planells)

an equilibrium between opposing forces (light/darkness, male/female, modern/traditional, etc.). Both his characteristic organic style and his later, highly distinctive geometric style have been extremely influential.

The British Arts and Crafts movement also played a part in the ideas of another renowned designer and architect, although, apart from the influence of this movement, the work of **Josef Hoffmann** (1870–1956) is also characterized by its striking anti-historicism. The straight lines of his innovative and distinctive forms are inspired by the geometrical language adopted by the modern movement.

Walter Gropius (1883–1969) preached the unity of the arts and was the director of the Bauhaus from its creation in 1919 until 1928. His designs reflect the move towards industrial modernity. His work is a clear

Glaube an die menschlichen Werte werden in den Werken dieses Vorläufers des organischen Designs wiedergegeben, der versuchte, das Wesen der Natur und des Menschen zu symbolisieren. Die Arbeiten dieses Humanisten üben immer noch großen Einfluss aus.

Der Ansatz des Architekten und Designers **Charles Rennie Mackintosh** (1868–1928) beinhaltete die Verwendung von Symbolismus und Gleichgewicht zwischen Gegensätzen (Licht/Dunkelheit, weiblich/männlich, modern/traditionell...). Sowohl sein ihm eigener organischer Stil als auch seine späteren unverwechselbaren geometrischen Werke übten einen tiefgreifenden Einfluss aus.

Und wieder spielt die britische Arts & Crafts Bewegung eine Rolle bei den Konzeptionen eines berühmten Architekten und Designers. Abgesehen von der Beeinflussung durch diese Bewegung zeichnen sich die Werke von **Josef Hoffmann** (1870–1956) durch eine starke anti-historische Tendenz

■ *Design by Marcel Breuer. Tecta*

Crafts, duquel il se distanciera par la suite pour explorer d'autres styles. On sent un profond respect pour la nature et un attachement aux valeurs humaines dans toute l'œuvre de ce précurseur du design organique, qui tentait de symboliser l'essence de la nature et de l'homme. Le travail de cet humaniste exerce toujours une grande influence dans le domaine.

Charles Rennie Mackintosh (1868–1928) se servait en architecture comme en design du symbolisme et cherchait un équilibre entre les opposés (lumière-obscurité, féminin-masculin, moderne-traditionnel...). Son style organique, et postérieurement son style géométrique facilement reconnaissable, ont beaucoup inspiré.

On retrouve encore une fois le mouvement anglais Arts & Crafts à travers les idées du designer et architecte **Josef Hoffmann** (1870–1928). Outre cette influence, ce prestigieux artiste se distingue par des créations anti-historistes. Les formes droites et réduites qu'il propose s'inspirent du langage géométrique, adopté plus tard par le mouvement moderne.

Walter Gropius (1883–1969) a favorisé le regroupement des arts et a été le directeur du Bauhaus de 1919 (année de sa création)

y el equilibrio entre opuestos (luz/oscuridad, femenino/masculino, moderno/tradicional...). Tanto su característico estilo orgánico como su posterior y reconocible estilo geométrico ejercieron una destacada influencia.

De nuevo el movimiento británico Arts & Crafts está presente en las concepciones de otro diseñador y arquitecto de reconocido prestigio. Aparte de las influencias de este movimiento, **Josef Hoffmann** (1870–1956) también se distingue en sus creaciones por un marcado carácter antihistoricista. Sus innovadoras y características formas rectas reducidas se inspiraban en el lenguaje geométrico adaptado por el movimiento moderno.

Walter Gropius (1883–1969) fomentó la unidad de las artes y fue el director de la Bauhaus desde su creación, en 1919, hasta 1928. Sus diseños reflejan ese cambio hacia la modernidad industrial. Su obra es una

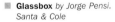
Glassbox by Jorge Pensi. Santa & Cole

■ Design by Charles Eames. Alivar
(Ambient photo: Miquel Tres)

expression of the modern movement, in that it accepted the need for standardization in design.

Another of the most important exponents of modern design is undoubtedly **Ludwig Mies van der Rohe** (1886–1969). His work, inspired by Neoclassical architecture, presaged rationalist and functional design and remained influential throughout the twentieth century.

The same is true of **Le Corbusier** (1887–1965), who will go down in history as both one of the most outstanding architects and one of the most innovative designers. His early projects were marked by the premises of the international style – a term applied to the work of artists in the modern movement who combined functionality and technology with a formal geometric language to create a modern esthetic – but over time he re-

aus. Seine innovativen charakteristischen Formen, reduziert und geradlinig, fanden ihre Inspiration in der geometrischen Sprache der modernen Bewegung.

Walter Gropius (1883–1969) unterstützte die Einheit der Kunst und war Direktor des Bauhaus seit seiner Gründung im Jahr 1919 bis 1928. Seine Entwürfe reflektieren diesen Wechsel zur industriellen Moderne. Sein Werk ist ein klarer Ausdruck der modernen Bewegung, die die Notwendigkeit einer Standardisierung des Designs akzeptiert.

Einer der wichtigsten Exponenten des modernen Designs ist ohne Zweifel **Ludwig Mies van der Rohe** (1886–1969). Inspiriert von der neoklassischen Architektur und Vorläufer des rationalistischen und funktionellen Designs, gehören seine Werke zu den einflussreichsten des 20. Jahrhunderts.

Das gleiche läßt sich von **Le Corbusier** (1887–1965) sagen, der in die Geschichte als einer der hervorragendsten Architekten und innovativsten Designer eingehen wird. Seine Anfänge sind geprägt vom internationalen Stil – eine Bezeichnung für die Werke der

■ **Glassbox** by Jorge Pensi. Santa & Cole

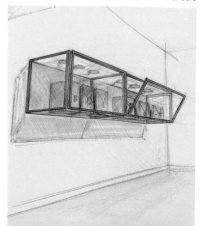

à 1928. Ses designs traduisent un tournant vers la modernité industrielle. On peut dire que son œuvre est la parfaite expression du mouvement moderne qui accepte la nécessité de standardiser le design.

Ludwig Mies van der Rohe (1886–1969) est sans aucun doute un des représentants les plus importants du design moderne. Son œuvre, qui s'inspire de l'architecture néoclassique et qui propose des designs rationnels et fonctionnels, reste une des plus importante du XXe siècle.

Le Corbusier (1887–1965), un des architectes les plus connus et un des designers les plus créatifs, est lui aussi entré dans l'histoire. Ses débuts sont marqués par les prémisses du style international (terme concédé à l'œuvre des professionnels qui, à l'intérieur du mouvement moderne, associèrent fonction et technologie dans un langage géométrique formel pour créer une esthétique moderne), bien qu'avec le temps il abandonne ce style formel pour adopter un style plus expressif et plus libre. Il est indubitablement un des créateurs les plus

clara expresión del movimiento moderno, aceptando la necesidad de una estandarización en el diseño.

Otro de los más importantes exponentes del diseño moderno es, sin duda, **Ludwig Mies van der Rohe** (1886–1969). Inspirada en la arquitectura neoclásica y precursora de diseños racionalistas y funcionales, su obra sigue siendo una de las más influyentes del siglo XX.

Lo mismo ocurre con el trabajo de **Le Corbusier** (1887–1965), quien pasará a la historia por ser tanto uno de los arquitectos más notables como uno de los diseñadores más innovadores. Sus inicios están marcados por las premisas del estilo internacional –designación que se concedió a la obra de los profesionales que dentro del movimiento moderno aunaron la función y la tecnología con un lenguaje formal geométrico para producir una estética moderna–, aunque con el tiempo abandonaría el formalismo de este estilo para adoptar un lenguaje más expresivo y libre. Sin duda, es uno de los creadores más importantes y su manera de entender

■ **Casablanca** *by Jaume Tresserra.*
Tresserra Collection

nounced the formalism of this style to take on a freer, more expressive language. He is indisputably a towering figure whose approach to design and architecture has had a huge impact in a number of fields.

Gerrit Thomas Rietveld (1888–1964) was a standard bearer for Neoplasticism and a formal geometric language, which he applied to his highly personal designs and, over the course of time, turned into his trademark. Many of his objects manifest a return to elemental wooden structures, in response to the economic recession of the 1930s. He was an innovative pioneer and his designs are still highly relevant today.

The Italian **Gio Ponti** (1891–1979) made a major contribution to the resurgence of Italian design after World War II. The timeless classicism typical of his work has acquired a formidable expressiveness and solidity with the passing of time. His career, both as a designer and an architect, is marked by an impressive productivity.

The Danish architect and designer **Poul Henningsen** (1894–1967) turned his back

Meister, die im Rahmen der modernen Bewegung Funktion und Technologie mit einer formalen geometrischen Sprache vereinten, um eine moderne Ästhetik zu schaffen – obwohl er im Verlauf der Zeit dem Formalismus dieses Stiles den Rücken kehrte, um eine ausdrucksvollere und freiere Formensprache zu finden. Ohne Zweifel gehört er zu den wichtigsten Persönlichkeiten der Designgeschichte. Sein Verständnis für Design und Architektur hat auf vielen Sektoren Spuren hinterlassen.

Gerrit Thomas Rietveld (1888–1964) war ein Anhänger des Neo-Plastizismus – sein Aushängeschild – und der formalen geometrischen Ausdrucksform, die er auf seine persönlichen Designs anwandte und die ihn mit der Zeit charakterisierten. Viele seiner Objekte enthüllen eine Rückkehr zu den elementaren Konstruktionen in Holz und sind eine Antwort auf die wirtschaftliche Rezession der dreißiger Jahre. Er war ein Bahnbrecher und Pionier und seine Designs sind heute immer noch aussagekräftig.

■ *Design by Jorge Pensi*

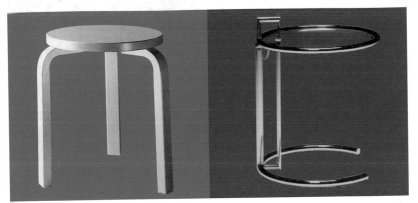

■ *Design by Alvar Aalto. Artek*

■ *Design by Eileen Gray. Cassina*

importants. Sa conception du design et de l'architecture a eu de grandes répercussions dans de nombreux domaines.

Gerrit Thomas Rietveld (1888–1964) s'est inspiré du neoplasticisme (qui fut son signe de reconnaissance) et du langage géométrique formel. Il intégrait ces deux courants à ses propres designs, ce qui devint par la suite son trait distinctif. Beaucoup de ses objets reprennent l'usage des constructions basiques en bois, permettant ainsi de répondre à la crise économique des années trente. Gerrit Thomas Rietveld a été un grand créateur et un pionnier dans son domaine. Ses designs sont encore aujourd'hui très prisés.

L'italien **Gio Ponti** (1891–1979) a fortement contribué à la réapparition du design italien de l'après-guerre. Le classicisme intemporel et typique de son œuvre acquiert avec le temps une expressivité et une force incroyable. Sa carrière, tant dans le domaine du design que dans celui de l'architecture, est d'une grande productivité.

L'architecte et le designer danois **Poul Henningsen** (1894–1967) dénonça les prétentions artistiques du design scandinave et

el diseño y la arquitectura han tenido una gran repercusión en numerosos ámbitos.

Gerrit Thomas Rietveld (1888–1964) se valió del neoplasticismo –fue su bandera– y del lenguaje formal geométrico. Los aplicaba a unos diseños personales que se han convertido, con el tiempo, en su sello distintivo. Muchos de sus objetos revelan una vuelta a las construcciones elementales en madera y son una respuesta a la recesión económica de los años treinta. Fue un innovador y un pionero, y sus diseños siguen estando, aun hoy, muy vigentes.

El italiano **Gio Ponti** (1891–1979) contribuyó con gran fuerza al resurgimiento del diseño italiano de posguerra. El clasicismo intemporal típico de su obra adquiere con los años una expresividad y solidez increíble. Su carrera, tanto en el campo del diseño como en el de la arquitectura, incluye una loable productividad.

El arquitecto y diseñador danés **Poul Henningsen** (1894–1967) denunció las pretensiones artísticas del diseño escandinavo y abogó por un enfoque más práctico y funcional, capaz de acercar el buen diseño a la gente corriente. Su idea era fabricar pro-

■ *Chair design by Charles & Ray Eames. Cassina*

on the artistic pretensions of Scandinavian design in favor of a more practical and functional approach, intent on bringing good design to ordinary people. His principle was to make more democratic products using traditional forms and materials. His legacy – more than a hundred lamps – is still being produced today, proving that a good design is ageless.

Alvar Aalto (1898–1976) is another of Scandinavia's most important designers. His concepts are characterized by his use of organic forms. He was profoundly convinced that design should not only acknowledge functional demands but should also open up other needs on the part of the user; the best way to do this being through the use of natural materials like wood, which Aalto learnt how to mold at will and with consummate mastery. He sought a formal language that would make modern design accessible to the majority of citizens.

Der Italiener **Gio Ponti** (1891–1979) beteiligte sich intensiv am Aufschwung des italienischen Designs der Nachkriegszeit. Der typisch zeitlose Klassizismus seiner Werke erwarb mit den Jahren eine unglaubliche Ausdruckskraft und Stärke. Seine Laufbahn zeugt von einer bewunderungswürdigen Schaffenskraft sowohl auf dem Gebiet der Architektur als auch auf dem des Designs.

Der dänische Architekt und Designer **Poul Henningsen** (1894–1967) verzichtete auf den künstlerischen Anspruch des skandinavischen Designs und entschied sich für eine praxisbezogenere und funktionellere Einstellung, die den Leuten auf der Straße gutes Design näher bringen sollte. Seine Idee war die Herstellung von volksnäheren Produkten unter Verwendung traditioneller Formen und Materialien. Sein Vermächtnis: über hundert Lampen, die heute noch hergestellt werden und ein Beweis dafür sind, dass ein gutes Design kein Alter hat.

Alvar Aalto (1898–1976) gehört ebenfalls zu den großen Designern Skandinaviens. Charakteristisch für ihn ist die Anwendung organischer Formen. Er war davon überzeugt, dass das Design zwar funktionellen Anforderungen entsprechen muss, aber auch anderen Bedürfnissen des Anwenders nachkommen sollte, und so verwendete er

■ *Design by Eileen Gray. Alivar*

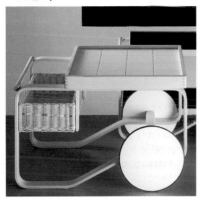

opta pour un point de vue plus pratique et fonctionnel, capable de rapprocher les masses du bon design. Son idée était de fabriquer des produits plus démocratiques en utilisant de formes et des matériaux traditionnels. Il nous a laissé plus d'une centaine de lampes qui continuent d'être fabriquées aujourd'hui encore. Cela prouve qu'un bon design n'a pas d'âge.

Alvar Aalto (1898–1976) fait partie des designers scandinaves les plus importants. Ses concepts se caractérisent par l'utilisation de formes organiques. Il était profondément convaincu que le design, en plus de répondre aux exigences fonctionnelles, devait aussi répondre à d'autres besoins de l'utilisateur. Pour lui la meilleure d'atteindre son but était d'utiliser des matériaux naturels, comme le bois par exemple, qu'il avait appris à manipuler et qu'il maîtrisait parfaitement. Il s'est appliqué à construire un langage formel et a rendu la modernité accessible à tout le monde.

De même que Mies van der Rohe et que Walter Gropius, **Marcel Breuer** (1902–

ductos más democráticos mediante el uso de formas y materiales tradicionales. Su legado, más de un centenar de lámparas, sigue fabricándose en la actualidad demostrando que un buen diseño no tiene edad.

Alvar Aalto (1898–1976) es otro de los diseñadores escandinavos más importantes. Sus concepciones se caracterizan por el uso de las formas orgánicas. Estaba profundamente convencido de que el diseño, además de reconocer las exigencias funcionales, debía plantear otras necesidades al usuario, y la mejor manera de conseguirlo era empleando materiales naturales, como la madera, que Aalto aprendió a moldear a voluntad y dominaba con maestría. Se encargo de proporcionar un lenguaje formal a la vez que ponía la modernidad al alcance de la mayoría.

Al igual que Mies van der Rohe y Walter Gropius, **Marcel Breuer** (1902–1981) fue profesor de la Bauhaus y ha sido uno de los principales exponentes del diseño moderno. El imperecedero atractivo de sus creaciones es un claro testimonio de su dominio de los métodos productivos y estéticos.

Like Mies van der Rohe and Walter Gropius, **Marcel Breuer** (1902–1981) was a professor in the Bauhaus and one of the foremost exponents of modern design. The continuing attractiveness of his pieces bears witness to his mastery of both production methods and esthetic issues.

Arne Jacobsen (1902–1971), born in the same year as Breuer, was a pioneer in the introduction of the modern style into Danish design. He combined organic, sculptural forms with traditional Scandinavian design elements to create functional pieces with a simple appearance but a timeless charm.

The husband-and-wife team of **Charles Eames** (1907–1978) and **Ray Eames** (1912–1988) was celebrated for its excellent innovations and exquisite designs. Their contribution in this field is beyond dispute, and their pieces are still as attractive, functional and efficient as when they were first created. They are the outstanding exponents of organic design and two of the most im-

natürliche Materialien wie z. B. Holz, dessen Verarbeitung er meisterlich beherrschte und dem er jede erwünschte Form gab. Er bemühte sich um eine formale Ausdrucksform und machte modernes Design einer breiteren Masse zugänglich.

Ebenso wie Mies van der Rohe und Walter Gropius war **Marcel Breuer** (1902–1981) Lehrer des Bauhaus sowie einer der wichtigsten Exponenten des modernen Designs. Die unvergängliche Anziehungskraft seiner Kreationen legt Zeugnis ab von seiner meisterhaften Beherrschung der produktiven und ästhetischen Methoden.

Arne Jacobsen (1902–1971), der Pionier bei der Einführung des modernen Stils in das dänische Design, wurde im gleichen Jahr wie Breuer geboren. Er machte es sich zur Aufgabe, organische und bildhauerische Formen mit den traditionellen Elementen des skandinavischen Designs zu kombinieren mit dem Ziel, funktionelle Objekte in einfachen Formen und mit zeitlosem Charme zu erschaffen.

Das Ehepaar **Charles Eames** (1907–1978) und **Ray Eames** (1912–1988) erntete großen Beifall für ihre innovativen Anregungen und exquisiten Designs. Ihr Beitrag auf diesem Gebiet steht außer Zweifel. In der Gegenwart sind ihre Objekte noch ge-

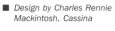
■ *Design by Charles Rennie Mackintosh. Cassina*

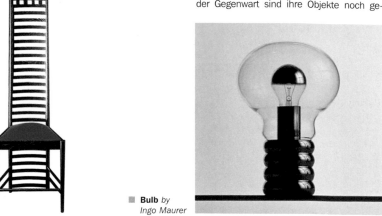
■ **Bulb** *by Ingo Maurer*

1971) a été professeur du Bauhaus et fut un des principaux représentant du design moderne. Le fait que ses créations soient toujours au goût du jour démontre clairement de sa parfaite maîtrise des méthodes productives et esthétiques.

Né la même année que Breuer, **Arne Jacobsen** (1902–1971) fut un des premiers à introduire le style moderne dans le design danois. Il entreprit d'associer des formes organiques et sculpturales à des éléments traditionnels du design scandinave. Ses créations se veulent fonctionnelles, simples d'apparence et d'une beauté atemporelle.

Charles Eames (1907–1978) et sa femme **Ray Eames** (1912–1988) furent célébrés pour l'excellence de leurs propositions avangardistes et le charme de leur design. Leur contribution dans ce domaine est inégalable. Les pièces qu'ils ont créées sont restées aussi belles, fonctionnelles et efficaces qu'elles l'étaient au premier jour. Les Eames sont deux personnalités importantes du XXe siècle si on considère qu'ils ont été parmi les représentants les plus remarqua-

Nacido el mismo año que Breuer, **Arne Jacobsen** (1902–1971) fue pionero en introducir el estilo moderno en el diseño danés. Se encargó de combinar formas orgánicas y escultóricas con elementos tradicionales del diseño escandinavo, con el objetivo de crear piezas funcionales, de apariencia simple y un gran atractivo intemporal.

El matrimonio formado por **Charles Eames** (1907–1978) y **Ray Eames** (1912–1988) fue aplaudido por sus excelentes propuestas innovadoras y exquisitos diseños. Su contribución en este campo es innegable. En la actualidad, sus piezas siguen siendo tan atractivas, funcionales y eficaces como cuando se crearon. Son los exponentes más destacados del diseño orgánico y dos de las figuras más importantes del siglo XX. Ellos demostraron que el diseño, además de concebir piezas formalmente bellas, contribuye a mejorar la calidad de vida de quien las utiliza.

■ **Barrel** by Frank Lloyd Wright. Cassina

■ **Robie 1** by Frank Lloyd Wright. Cassina

■ *Design by Ludwig Mies van der Rohe. Cassina*

portant designers of the twentieth century; they proved that design not only endows objects with formal beauty but also helps improve the quality of life of the people who use them.

Eero Saarien (1910–1961) introduced daring and revolutionary creations into the world of design. A rationalist convinced in the concept of progress, this pioneer of organic design created some of the twentieth century's most important pieces and heralded a new direction in furniture design. If he achieved the total organic unity of materials, function and structure, this was due to the technological limitations of his day. His work is characterized by expressive sculptural and organic forms.

Achille Castiglioni (1918) is the younger of the Castiglioni brothers and one of the most important figures in the history of design. His work is based on rationalism, but this does not prevent him from bringing an unexpected beauty to practical and functional forms. This personal touch, along with the unerring quality and evocative visual impact of his designs and the innovation of his

nauso attraktiv, funktionell und praktisch wie zum Zeitpunkt ihrer Entstehung. Sie sind die bedeutendsten Exponenten des organischen Designs und zwei der wichtigsten Persönlichkeiten des 20. Jahrhunderts. Sie bewiesen, dass das Design nicht nur zur Gestaltung formschöner Objekte beiträgt, sondern auch die Lebensqualität der Benutzer verbessert.

Eero Saarinen (1910–1961) bereicherte die Welt des Design mit außergewöhnlich revolutionären und gewagten Kreationen. Dieser Pionier des organischen Designs, ein Rationalist und Progressist, erschuf die wohl bedeutendsten Objekte des 20. Jahrhunderts, die eine neue Richtung im Möbeldesign ankündigten. Die Tatsache, dass die totale organische Einheit des Designs mit Material, Funktion und Struktur erreicht wurde, ist den technologischen Grenzen dieser Zeit zu verdanken. Skulpturelle, organische und ausdruckvolle Formen definieren sein Werk.

Achille Castiglioni (1918) ist der jüngere der Brüder Castiglioni und einer der wichtigsten Persönlichkeiten der Designgeschichte. Seine Werke haben ihr Fundament im Rationalismus, was kein Hindernis für die Kreation. praktischer und funktioneller Formen von unerhörter Schönheit war. Mit dieser Einstellung und der konstanten Qualität seiner Designs erreicht er eine strukturelle Erneuerung

■ **Bracelli** *by Salvador Dalí.*
  Bd. Ediciones de Diseño

■ **Vis a Vis de Gala**. *by Salvador Dalí.
Bd. Ediciones de Diseño*

bles du design organique. Ils ont démontré que le design ne servait pas seulement à concevoir de beaux objets, mais qu'il permettait aussi d'améliorer la qualité de vie de celui qui les utilisait.

Eero Saarien (1910–1961) a enrichi le monde du design avec des créations révolutionnaires et osées. Rationnel et progressiste, ce pionnier du design organique crée des pièces que l'on peut considérer comme les plus importantes du XXe siècle du fait qu'elles orientent la création de mobilier dans une autre direction. S'il n'est pas parvenu à former une unité organique et totale du design en réunissant matériau, fonction et structure, cela est dû aux limitations technologiques de l'époque. Son travail se définit par des formes sculpturales, organiques et expressives.

Achille Castiglioni (1918) est le cadet des frères Castiglioni. Il est aussi un des professionnels les plus importants dans l'évolution du design. Son travail s'appuie sur le rationalisme, ce qui n'empêche pas une capacité à concevoir des formes pratiques et fonctionnelles adoucies par une beauté in-

Eero Saarien (1910–1961) aportó al mundo del diseño sus revolucionarias y atrevidas creaciones. Racionalista y progresista, este pionero del diseño orgánico crea unas piezas que pueden considerarse de las más importantes del siglo XX al anunciar una nueva dirección en la creación de mobiliario. Si no consiguió la unidad orgánica total del diseño con el material, la función y la estructura, fue debido a las limitaciones tecnológicas del momento. Formas esculturales, orgánicas y expresivas definen su trabajo.

Achille Castiglioni (1918) es el menor de los hermanos Castiglioni y uno de los profesionales más importantes en la evolución del diseño. Su trabajo se basa en el racionalismo, lo que no impide que sea capaz de crear formas prácticas y funcionales suavizadas con una belleza inaudita. Este enfoque personal consigue, junto a la constante calidad de sus diseños, la innovación en las estructuras y una sugerente estética, convertirlo en una figura emblemática del diseño italiano.

Entre los objetivos de **Vico Magistretti** (1920) se encuentra el de humanizar el mo-

■ **Leda** *by Salvador Dalí. Bd. Ediciones de Diseño*

und anregende Ästhetik und wird zu einem Sinnbild des italienischen Designs.

Eines der Zielsetzungen von **Vico Magistretti** (1920) war die Humanisierung der modernen Bewegung. Ihm gelang es wie nur wenigen, in seiner gelösten und wirkungsvollen Art innovative Technik mit formaler Eleganz zu kompensieren. Seine Designs sind durch die Verwendung von nützlichen, schönen und qualitätvollen Elementen zeitlos. Der große Verdienst dieses schöpferischen Geistes liegt in der Suche nach dauerhaften Lösungen, weit entfernt von der Kultur des Benützens und Wegwerfens.

Ein weiterer bedeutender Italiener ist **Alessandro Mendini** (1931). Im Unterschied zu vielen seiner Landsleute entschloss er sich, ein "banales" Design zu kreieren, um die intellektuelle und kulturelle Leere in der industrialisierten Gesellschaft zu füllen. Von seinen Objekten geht ein feiner Humor aus, der den Eindruck vermittelt, dass das innovative Design sich nicht mehr auf bisherige Art weiterentwickeln kann. Überfülle, eine Explosion gewagter Farben und Formen durchziehen seine Kreationen und reflektieren seinen Wunsch, Design um des Designs willen her-

structures, has made him a standard bearer for Italian design.

One of the aims of **Vico Magistretti** (1920) was the humanization of the modern movement. He has succeeded – to an extent that few others can match – in effectively and nimbly balancing technical inventiveness with formal elegance. His designs are timeless as they use elements endowed with great utility, beauty and quality. His chief merit as a creator is his search for designs that last, far removed from the culture of the throwaway.

Another outstanding Italian is **Alessandro Mendini** (1931). Unlike many of his compatriots, he set out to promote "banal" design, in order to fill the intellectual and cultural vacuum he found in industrialized society. His pieces transmit a sophisticated sense of humor, as well as the idea that innovative design could not continue in the same way as it had until then. Mendini's creations are permeated with exuberance, an explosion of color and daring forms, reflecting his

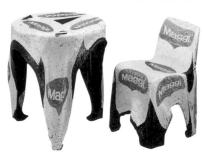

Ecologic designs with recycled materials

solite. Sa personnalité, l'habituelle qualité de ses designs, ses structures inventives et sa suggestive esthétique ont fait de lui une figure emblématique du design italien.

Un des objectifs de **Vico Magistretti** (1920) a été d'humaniser le mouvement moderne. Il a réussi, comme peu de personnes, à équilibrer avec aisance et efficacité une technique inventive et une esthétique formelle. Ses designs sont atemporels au sens où ils proposent des éléments d'une grande utilité, beauté et qualité. Le principal mérite de ce créateur réside dans le fait qu'il a mis au point des designs durables, loin de la culture du utiliser − jeter.

Un autre designer italien important est **Alessandro Mendinl** (1931). A la différence de beaucoup de ses compatriotes, il a préféré promouvoir un design « banal » pour combler le vide intellectuel et culturel de la société industrialisée. Ses pièces dégagent un humour raffiné et traduisent l'idée que le design doit changer d'orientation. L'exubérance, des couleurs explosives et des formes osées caractérisent ses créations et reflètent

vimiento moderno. Él ha logrado como pocos equilibrar con soltura y eficacia la inventiva técnica con la elegancia formal. Sus diseños son intemporales al tratarse de elementos de gran utilidad, belleza y calidad. El gran mérito de este creador es el de apostar por la búsqueda de soluciones de diseño duraderas, lejos de la cultura de usar y tirar.

Otro Italiano ejemplar es **Alessandro Mendini** (1931). A diferencia de muchos de sus compatriotas, él se decantó por promover un diseño "banal" a fin de llenar el vacío intelectual y cultural existente en la sociedad industrializada. Sus piezas emanan un refinado humor y transmiten la idea de que el diseño innovador no podía continuar como hasta entonces. Exuberancia, una explosión de color y formas atrevidas tiñen sus creaciones y reflejan esa intención de enfatizar el diseño por el diseño. Nadie como él ha con-

emphasis on design for design's sake. Nobody has contributed more to the anti-design debate; he is highly provocative and one of the propagators of Postmodernism.

Philippe Starck (1949) is one of today's most prolific designers. He made his name in the 1980s; his early work was sumptuous, extravagant, audacious, witty, innovative and bursting with imagination. The so-called enfant terrible of French design is responsible for some of the pieces with the greatest character and personality to have emerged in the last few years. Whereas in the 1980s he reveled in exaggeration, he has now toned down to concentrate on more long-lasting products that will pass the test of time.

There are many more designers; the list would be interminable and naming them all here is out of the question. Our everyday life brings them to our attention, but we extend our apologies to all those who have been omitted due to lack of space.

It is clear that design was born with the twentieth century, and that it has brought new challenges into our day-to-day existence.

vorzuheben. Niemand hat wie er an den Debatten gegen das Design teilgenommen und ist zum Provokateur und Verbreiter der Post-Modernen geworden.

Philippe Starck (1949) gehört zu den fruchtbarsten Designern der Gegenwart. Den Grundstein zu seiner Karriere legte er in den achziger Jahren. Die ersten Werke Starcks sind prunkvoll, voll überschäumender Phantasie, gewagt, geistreich und innovativ. Das enfant terrible des französischen Designs ist verantwortlich für einige der hervorragendsten Werke der letzten Jahre. Wenn er sich in den achziger Jahren mit seinen Übertreibungen gebrüstet hat, so ist er jetzt maßvoller geworden und widmet sich der Erschaffung zeitloserer Produkte, die die Zeit überdauern.

Es wären noch viele Designer zu nennen, die Liste würde unendlich lang. Der Alltag bringt sie uns immer wieder in Erinnerung. Dennoch entschuldigen wir uns für alle, die hier nicht erwähnt wurden.

Es ist unbestritten, dass das Design ein Kind des 20. Jahrhunderts ist und neue Heraus-

■ *Design by Josef Hoffmann. Cassina*

sa volonté d'accentuer le design par le design. Personne n'a contribué plus que lui au débat anti-design. Faisant alors de lui un provocateur et un des propagateur du post-modernisme.

Philippe Starck (1949) est un designer très productif dont le talent a été reconnu dans les années 80. Ses premiers travaux sont somptueux, excessifs, débordants d'imagination, audacieux, subtils et inventifs. Surnommé l'enfant terrible du design français, il a signé ces dernières années quelques pièces d'une grande personnalité. Et s'il se vantait d'exubérance dans les années quatre-vingt, il est aujourd'hui plus modéré et s'est tourné vers la création de produits solides et durables.

Il existe une liste interminable de designers, mais il est impossible de vouloir tous les mentionner ici. Nous nous excusons donc auprès des oubliés, et nous souhaitons que la vie de tous les jours se charge de nous rappeler leur apport.

Il apparaît clairement que le design naît au XXe siècle, même si on peut faire remon-

tribuido más al debate antidiseño, convirtiéndose en un provocador y en uno de los propagadores del posmodernismo.

Philippe Starck (1949) es uno de los diseñadores más prolíficos y la década de los ochenta fue la de su reconocimiento. Los primeros trabajos de Starck son suntuosos, exagerados, desbordantes de imaginación, audaces, agudos e innovadores. El llamado "enfant terrible" del diseño francés ha firmado algunas de las piezas de mayor personalidad y carácter de los últimos años. Si en los ochenta se jactaba de su exageración, ahora se ha moderado abogando por la creación de productos más duraderos capaces de superar el paso del tiempo.

Existen muchos diseñadores más, la lista sería interminable, y nombrarlos en estas páginas resulta imposible. El día a día se encarga de recordárnoslo, por lo que desde aquí, disculpas a todos los olvidados. Queda claro que el diseño nace con el siglo XX y trae nuevos desafíos para la vida cotidiana.

Parte de aquí y su expansión es imparable, aunque sus raíces se hunden en la cen-

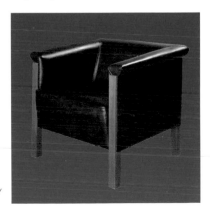

■ **Boa Nova** *by Alvaro Siza*

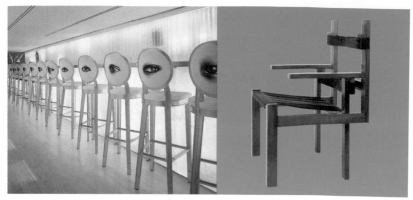

■ *Design by Philippe Starck (photo: Mihail Moldoveanu)*   ■ **Stahlrohrstuhl B 33** *by Marcel Breuer*

Its expansion has been unstoppable, although its roots go back to the previous century, to the latter part of the nineteenth century. Industrial advances, society, crises, economic booms, wars, tastes: all these factors have influenced design and marked the path it has followed. A brief survey of the twentieth century makes it clear why the designs of a particular era followed one specific trend and not another.

At the beginning of 1900 the machine consolidated its strength. This industrial upsurge was cut short by the First World War and the triumph of the Revolution. Europeans put this time of hardship behind them and the 1920s gave way to Art Deco, jazz and Coco Chanel. The thirties saw a swing back to unrest; the collapse of the Stock Market brought a tense calm that was reflected on a formal level in the muted, functional esthetic made fashionable by designs from Scandinavia and the United States. A decade later, Europe was subjected to another world war and turned into a battlefield. Design and industry had to adapt to the new situation, while also conducting research into the possibilities of new materials. Emerging from this period of war, the 1950s demand-

forderungen an das tägliche Leben stellt. Hier fand seine unaufhaltsame Entwicklung statt, wenn auch die Wurzeln im vorangehenden Jahrhundert, in der Mitte und zu Ende des 19. Jahrhunderts liegen. Der industrielle Fortschritt, die Gesellschaft, die Krisen, die Zeiten wirtschaftlichen Wohlstandes, die Kriege, der Geschmack – dies alles sind Faktoren, die den Kurs des Designs beeinflussen. Eine kurze Reise durch das 20. Jahrhundert lässt uns entdecken, warum die Entwürfe einer bestimmten Epoche sich in einer konkreten Richtung entwickelten und nicht in einer anderen.

Anfang 1900 erlangt die Maschine immer mehr Bedeutung. Dieser industrielle Aufschwung wird verdunkelt durch den Ersten Weltkrieg und den Sieg der Revolution. Die Europäer bringen diese Epoche hinter sich und, in den neunziger Jahren wird der Weg frei für den Jugendstil, den Art Déco, den Jazz und für Coco Chanel. In den dreißiger Jahren kommt die Unruhe zurück; der Zusammenbruch der Börse verbreitet eine gespannte Ruhe, die sich auf formaler Ebene in eine nüchterne und funktionelle Ästhetik umsetzt, die von den Designs aus Skandinavien und den USA bestimmt wird. Zehn Jah-

ter ses origines entre le milieu et la fin du XIXe siècle. Il lance alors de nouveaux défis à la vie quotidienne et son expansion ne cesse de progresser. Les progrès industriels, la société, les crises, les époques de prospérité économique, les guerres, les goûts...tout influence le design. Un bref aperçu du XXe siècle permet de comprendre pourquoi les designs d'une époque déterminée ont été réalisés d'une certaine façon et pas d'une autre.

Au début du XXe siècle, la machine devient importante et se développe. Cet essor industriel est ralenti par la Première Guerre Mondiale et le triomphe de la révolution. Mais les Européens laissent derrière eux cette époque difficile et les années vingt voient apparaître le Modernisme, l'Art Déco, le jazz et Coco Chanel. L'inquiétude revient avec les années trente. Le crash boursier conduit à un calme tendu qui se traduit au niveau formel par une esthétique sobre et fonctionnelle, qu'imposent les designs scandinaves et américains. Dix ans plus tard, l'Europe connaît une nouvelle guerre mondiale et se transforme en

turia anterior, a mediados y finales del siglo XIX. Los avances industriales, la sociedad, las crisis, las épocas de bonanza económica, las guerras, los gustos... todo influye y marca el rumbo que sigue el diseño. Un breve recorrido por el siglo XX permite descubrir por qué los diseños de una determinada época han sido de una manera concreta y no de otra.

A inicios de 1900 la máquina toma fuerza y se consagra. Ese auge industrial se ve oscurecido por la Primera Guerra Mundial y el triunfo de la revolución. Los europeos dejan atrás esa dura época y los años veinte dan paso al Modernismo, el Art Déco, el jazz y a Coco Chanel. Con la década de los treinta vuelve el desasosiego; el derrumbe de la bolsa trae una tensa calma que se traduce a nivel formal en una estética sobria y funcional impuesta por los diseños que vienen de Escandinavia y Estados Unidos. Un decenio más tarde, Europa vuelve a sufrir una guerra mundial y se transforma en un campo de batalla. El diseño y la industria deben adaptarse a la nueva situación a la vez que

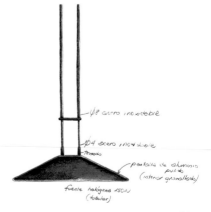

■ **Regina** by Jorge Pensi. Grupo B.Lux

■ **Regina** *by Jorge Pensi. Grupo B.Lux*

re später wütet in Europa der Zweite Weltkrieg und verwandelt es in ein Schlachtfeld. Design und Industrie müssen sich an die neue Situation anpassen und zur gleichen Zeit werden die Möglichkeiten neuer Materialien erforscht. Sich langsam von den Kriegszeiten erholend, erleben die Menschen in den fünfziger Jahren einen technologischen Aufschwung. Der Funktionalismus setzt sich durch. Zwangsläufig müssen sich die Formen als Ausdruck der Vorgänge ändern. Der kalte Krieg setzt ein und zum selben Zeitpunkt öffnet Ikea seinen ersten Laden. Die sechziger Jahre kommen beladen mit Kreativität, die Gegen-Kultur bemächtigt sich der Straßen, das gleiche gilt für die Farben, die praktisch alles beherrschen. Pop Art und Psychedelia beherrschen die Szene. Wenige Jahre später, in den Siebzigern, mildert die Post-Moderne die Verrücktheiten der sechziger Jahre und die Ölkrise bedingt eine Rezession, die zu einer Umstellung der Werte führt: Ökologie und Sparen heißt die Devise dieser Zeit.

Der Boom des Designs tritt in den achtziger Jahren ein, Jahre, die von der Technologie und von der Reagan Ära gezeichnet sind. Dies ist der Moment, in dem die Globalisie-

ed functionalism and there were advances in technology; out of necessity, forms had to change to keep up. The Cold War set in, and it was at this time that Ikea opened its first shop. The sixties exploded with creativity, the counterculture took over the streets in a splash of color that invaded almost everything. Pop Art and psychedelia burst onto the scene. A few years later, in the 1970s, Postmodernism toned down the craziness of those times, and successive oil crises forced a recession that provoked a change in values: ecological concerns and tight budgets became the order of the day.

The design boom arrived with the eighties, which were marked by the new technologies and the Reagan era. Globalization began to take hold and design became universal.

■ **Rondine Sedia** *by Toshiyuki Kita. Magis*

champ de bataille. Le design et l'industrie doivent s'adapter à la nouvelle situation en même temps que l'on découvre les avantages de nouveaux matériaux. Après cette terrible guerre, dans les années cinquante, le caractère fonctionnel des objets s'impose et l'on assiste à un essor de la technologie. Les nouvelles formes doivent rendre compte de ce changement. Alors que s'installe la guerre froide, Ikéa ouvre son premier magasin. Les années soixante arrivent chargées de créativité ; la contre-culture descend dans la rue et la couleur est presque partout. L'époque pop et psychédélique arrive en force. Un peu plus tard, dans les années soixante-dix, le postmodernisme tempère la vie décadente et les crises pétrolières obligent à la récession économique. On change alors de valeurs : l'écologie et les moyens économes s'imposent peu à peu.

Dans les années quatre-vingt, qui sont marquées par la technologie et l'époque Reagan, le design connaît un boom. Le monde commence à se globaliser et le design s'universalise.

se investigan las ventajas de los nuevos materiales. Tras sobrevivir a los tiempos bélicos, en los cincuenta se impone el funcionalismo y se vive un auge de la tecnología. Necesariamente, las formas deben cambiar para dar cuenta de ello. Se impone la guerra fría y es también el momento en que Ikea abre su primera tienda. Los sesenta llegan cargados de creatividad, la contracultura toma la calle, igual que el color, que lo viste prácticamente todo. La era pop y la psicodelia irrumpen con fuerza. Años más tarde, durante los años setenta, el posmodernismo atempera la locura vivida en los sesenta, y las crisis del petróleo obligan a la recesión

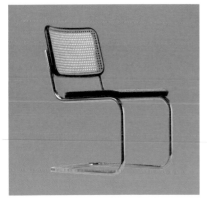

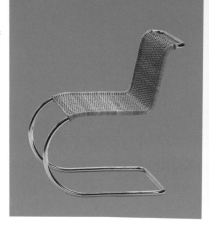

The nineties, for their part, brought a hybridization of styles, although in many places formal liberty disappeared, as the daring crossing of boundaries typical of the eighties gave way to the reserve and sobriety of minimalism. It is undeniable that this influence is still making itself felt, although a new maximalism is invading the scene. The arrival of the new millenium favored a return to exaggeration. Forms are gradually becoming more generous, exuberant and voluminous. The idea of "less is more" that governed minimalism is still relevant, but it is losing ground against new ways of understanding design.

Above all, eclecticism, "anything goes" and plurality are the main trends, making possible a disparate range of designs, all equally valid and attractive.

rung der Welt beginnt und das Design universal wird.

In den neunziger Jahren setzt sich eine Vermischung von Stilen durch, auch wenn auf vielen Gebieten die formale Freiheit abnimmt; das Überschreiten von Grenzen und der Wagemut der achtziger Jahre weichen der Beherrschung und Nüchternheit des Minimalismus. Sein Einfluss ist unbestreitbar immer noch zu spüren, selbst wenn inzwischen ein neuer Maximalismus Einzug gehalten hat. Das neue Jahrtausend begünstigt eine Rückkehr zur Übertreibung. Die Formen werden nach und nach großzügiger, übermütiger, umfangreicher. Das Konzept des Minimalismus "weniger ist mehr" ist weiterhin gültig, verliert aber langsam an Boden angesichts der neuen Art, den Begriff Design zu verstehen.

Zusammenfassend sind der Eklektizismus, das "Alles Ist Erlaubt" und die Pluralität die vorherrschenden Trends. Durch sie wird die Erschaffung einer grossen Bandbreite von Objekten möglich, die alle gleichermaßen qualitätvoll und attraktiv sind.

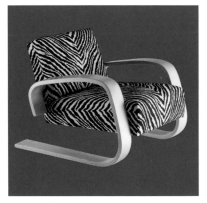

Les années quatre-vingt-dix offrent pour leur part un mélange de styles, bien que dans beaucoup de domaines la liberté expressive s'amoindrit. La transgression et l'audace des années quatre-vingt sont remplacées par la retenue et la sobriété du minimalisme. Il est impressionnant de voir que cette influence est toujours présente, même si un nouveau maximalisme fait aujourd'hui son apparition. Le nouveau millénaire favorise un certain retour à l'exagération. Les formes se font plus généreuses, plus exubérantes et volumineuses. Le concept du « moins c'est plus » qui régit le minimalisme est toujours présent, mais il est en train de perdre du terrain face aux nouvelles façons de comprendre le design.

L'éclectisme, le tout est permis et la pluralité constituent la tendance dominante. Cela permet de créer des pièces variées, toutes aussi utiles et belles les unes que les autres.

invitando a cambiar de valores: la ecología y el ahorro empiezan a imponerse.

El boom del diseño llega con los ochenta, años marcados por la tecnología y la era Reagan. Es el momento en que el mundo empieza a globalizarse y el diseño se universaliza.

Los noventa, por su parte, imponen un cruce de estilos, aunque en muchos entornos se desvanecen los aires de libertad formal; la transgresión y el atrevimiento que poblaban los ochenta se sustituyen por la contención y sobriedad del minimalismo. Es innegable que su influencia aún sigue presente, aunque un nuevo maximalismo está invadiendo el panorama. La llegada del nuevo milenio favorece una vuelta a la exageración. Las formas se vuelven poco a poco más generosas, exuberantes, voluminosas. La concepción de "menos es más" que ha regido el minimalismo sigue vigente, pero va perdiendo terreno ante nuevas maneras de entender el diseño.

Con todo, el eclecticismo, el todo está permitido y la pluralidad son la tónica dominante y permiten crear piezas dispares, todas ellas igual de válidas y atractivas.

■ **C248 Chaise Loungue**
by Geoffrey Harcourt RDI. Artifort

Lamp

Lampes

LAM

Lámpa

Láмpa

■ **Lampadina** *by Achille Castiglioni. Flos*

VARILUX 230V 4W
MADE IN EC 0J

Lamps come into their own when night falls. Light makes it possible to achieve textures, gentle glows, reflections and areas of brightness in order to create atmospheres that can be colorful or relaxing, intimate or studious... Light is essential to our lives and therefore to decoration. Lighting should be the result of meticulous planning and an assessment of each specific space. The addition of more light does not necessarily mean that the effect is better, and so there is no advantage in using more wattage than required.

The latest lamps are characterized by a desire to fit into the most varied settings and create evocative atmospheres, as well as their distinctive exploration of new materials.

Their designs make them appear different according to the circumstances by finding a balance between functionality and visual impact; they allow lamps to capture attention at night while during the day they recede to become just another part of the decoration around them.

Lamps can be discreet, bold, unobtrusive or seductive; their form can be whimsical (as in the work of Ingo Mauer, a designer who specializes in lighting), elemental (as in any hanging lamp) or basic, but they are all intended to conjure up attractive and changing environments. These new designs are not only objects that give off light, they are also conceived as decorative and even at times sculptural elements in their own right.

The main features of today's lamps are evocative austerity (such as the design by Gino Sarfatti for Flos or the work of Robert Wettstein), restrained and efficient forms (the Arco lamp – a contemporary classic – or Pascual Salvador's design for Carpyen), minimalist lines (such as the model by r+d Design) and an astute combination of materials and colors.

Imagination and extravagance burst on the scene in some designs to remind us that everything is possible provided functionality is not ignored. This spirit has contributed to a degree of specialization in lamp design, although at the same time there is a demand for versatile models. The new generation of lamps stands out for its synthesis of constant technological innovation and the functionality that is indispensable to their everyday use. They are elements with a strong personality that perform the task demanded of them to the letter while being adaptable to all types of settings without looking out of place.

Sie übernehmen die Hauptrolle sobald es dunkel wird. Mit Licht können Effekte für Texturen, Schimmer, Reflexe, Glanz erreicht sowie anregende, entspannende, intime oder offene Ambiente geschaffen werden. Das Licht spielt eine wesentliche Rolle im Leben des Menschen und auch in der Dekoration. Die Beleuchtung versteht sich als Ergebnis einer gewissenhaften Planung und der Untersuchung der Anforderungen jedes einzelnen Raumes. Mehr Licht bedeutet nicht unbedingt eine bessere Beleuchtung; man sollte daher nicht mehr Leistung als erforderlich installieren.

Die neuen Lampen unterscheiden sich durch ihre Tendenz zur Harmonie in den unterschiedlichsten Umgebungen, durch ihre unbestechliche Fähigkeit, den Genuss einer anregenden Atmosphäre zu vermitteln, und durch ihre Anpassung an die neuen Materialien.

Die Entwürfe ermöglichen je nach Einsatz eine unterschiedliche Wirkung. Die Vorschläge kämpfen um Funktionalität und Schönheit; die Lampen sollen während der Dunkelheit die Aufmerksamkeit auf sich ziehen, sich jedoch tagsüber an die sie umgebende Dekoration anpassen.

Diskret, gewagt, zurückhaltend, verführerisch; einige kapriziös (man denke an Ingo Mauer, den Designer und Beleuchtungsspezialist), andere elemental (hier gibt es mehrere Schöpfer), einfache … sie alle sind jedoch verantwortlich für die Gestaltung wechselnder und attraktiver Ambiente. Die neuen Designs sind nicht nur Objekte zur Lichtausstrahlung, sondern wurden als dekorative, gelegentlich sogar skulpturale Elemente konzipiert.

Anregende Enthaltsamkeit (wie die Designs von Gino Saarfatti für Flos oder die Arbeiten von Robert Wettstein), strenge und leistungsstarke Formen (die Lampe Arco – ein zeitgenössischer Klassiker – oder das Design von Pascual Salvador für Carpyen), minimalistische Züge (wie das Modell von r+d Design) sowie eine gelungene Kombination von Material und Farbe sind die wesentlichen Merkmale der neuen Leuchten.

Phantasie und Extravaganz sind bei so manchen Entwürfen mit von der Partie, um daran zu erinnern, dass alles möglich ist, sofern man die Funktionalität nicht vergisst. Diese Idee hat zu einer Spezialisierung beigetragen, obwohl man gleichzeitig auf der Suche nach vielseitigen Lösungen ist. Die neue Generation von Leuchten zeichnet sich durch das Zusammenspiel einer konstanten technologischen Erneuerung und der unentbehrlichen täglichen Funktionalität aus. Diese Elemente mit außergewöhnlichem Eigencharakter übernehmen souverän ihre Aufgabe und passen sich ohne Missklang an jede Umgebung an.

■ **Vola** *by Isao Hosoe Design*

On utilise les lampes à la nuit tombée. La lumière brille, et dans ses lueurs et ses reflets, elle fait ressortir les matières et permet de créer des ambiances qui stimulent, décontractent, invitent à l'intimité, à l'observation … La lumière est indispensable à l'homme comme au domaine de la décoration. L'éclairage est consciencieusement mis au point en fonction des nécessités de chacune des pièces de la maison. Ainsi, pour bien éclairer on n'a pas forcément besoin de beaucoup de lumière. Tout dépend de l'espace auquel on a affaire.

Les nouvelles lampes se distinguent par leur capacité à s'adapter à n'importe quel type d'espace. Toujours au fait des derniers matériaux, elles créent des ambiances suggestives.

Les designs proposent des modèles adaptés à différents moments. On oscille entre beauté et fonctionnalité, pour que les lampes captent l'attention de nuit et s'adaptent de jour à la décoration qui les entoure.

Discrètes, audacieuses, timides, séductrices ; certaines sont de forme capricieuse (comme celles de Ingo Mauer, designer spécialiste en éclairage), d'autres sont élémentaires (n'importe quelle lampe de suspension), basiques … Elles permettent toutes de créer des ambiances variables et agréables. Ces nouveaux designs ne conçoivent pas les lampes comme de simples objets qui éclairent, mais aussi comme des éléments décoratifs, parfois même sculpturaux.

Austérité suggestive (comme le design de Gino Sarfatti pour Flos, ou les travaux de Robert Wettstein), formes sobres et efficaces (la lampe Arc, un classique contemporain, ou le design de Pascual Salvador pour Carpyen), traits minimalistes (comme la pièce de r+d Design), et pour la quasi-totalité des nouvelles lampes, un mélange assuré de matériaux et de couleurs.

Dans certains designs, l'imagination et l'extravagance sont là pour rappeler que tout est possible du moment que c'est fonctionnel. Tout en cherchant à créer des pièces polyvalentes, cet état d'esprit a esquissé une spécialisation. La caractéristique de la nouvelle génération de lampes est de toujours vouloir conjuguer innovation technologique et utilité quotidienne. Ces modèles ont beaucoup de personnalité, remplissent parfaitement leur fonction, et s'adaptent à tous les espaces sans détonner.

Son las protagonistas cuando llega la oscuridad. Con la luz es posible crear texturas, fulgores, reflejos, dar brillo, así como crear ambientes para estimular, relajar, intimar, observar… La luz es esencial en la vida del hombre y también en la decoración. Iluminar es el resultado de una concienzuda planificación y el estudio de las necesidades de cada espacio concreto. De ahí que poner más luz no signifique necesariamente alumbrar mejor, por lo que no hay que emplear más potencia de la necesaria.

Las nuevas lámparas se distinguen por su vocación de armonía con los más variados ambientes, con esa insobornable capacidad de recreación de atmósferas sugerentes y una peculiar adaptación a los nuevos materiales.

Los diseños permiten que las piezas se muestren diferentes según la ocasión. Estas propuestas se debaten entre la funcionalidad y la belleza, dejando que las lámparas reclamen la atención durante las horas de oscuridad, mientras que durante el día procuran que su presencia se adapte a la decoración que las contextualiza.

Discretas, audaces, tímidas, seductoras; algunas de caprichosa forma (como las de Ingo Mauer, diseñador especializado en iluminación), otras elementales (cualquiera de las de suspensión), básicas… todas ellas son las responsables de configurar ambientes cambiantes y atractivos. Estos nuevos diseños no son sólo objetos que emiten luz, sino que también se conciben como elementos decorativos y, en ocasiones, hasta escultóricos.

Austeridad sugerente (como el diseño de Gino Sarfatti para Flos o los trabajos de Robert A. Wettstein), formas sobrias y eficaces (la lámpara Arco –un clásico contemporáneo– o el diseño de Pascual Salvador para Carpyen), trazos minimalistas (como la pieza de r+d Design) y una acertada combinación de materias y color son las principales características de las nuevas luminarias.

La imaginación y la extravagancia hacen acto de presencia en algunos diseños para recordar que todo es posible si no se olvida la funcionalidad. Este espíritu ha contribuido a una especialización, al tiempo que se buscan piezas polivalentes. La nueva generación de lámparas se caracteriza por conjugar la constante innovación tecnológica y la funcionalidad imprescindible del día a día. Son elementos de extrema personalidad que desempeñan a la perfección su tarea y se adaptan a todo tipo de contextos.

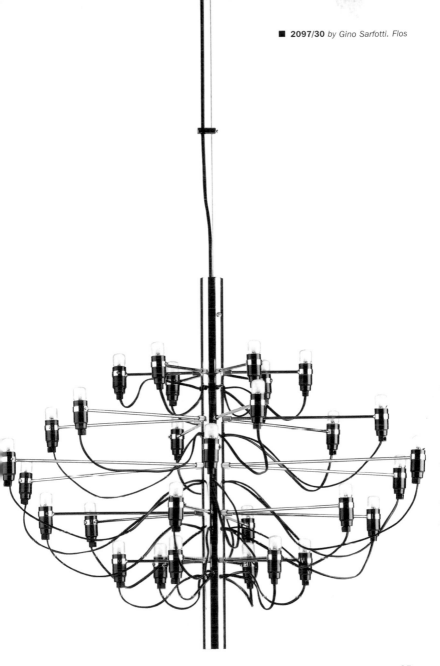

■ **2097/30** *by Gino Sarfotti. Flos*

Floor Lamps

Stehlampen
Lampes à pied
Lámparas de pie

Arco *by Achille Castiglioni. Flos*

Ufoosausoo *by Patrick Chia. BRF*

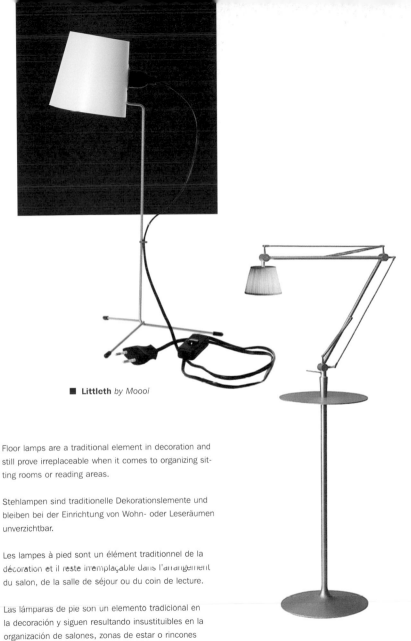

■ **Littleth** *by Moooi*

Floor lamps are a traditional element in decoration and
still prove irreplaceable when it comes to organizing sitting rooms or reading areas.

Stehlampen sind traditionelle Dekorationslemente und
bleiben bei der Einrichtung von Wohn- oder Leseräumen
unverzichtbar.

Les lampes à pied sont un élément traditionnel de la
décoration et il reste irremplaçable dans l'arrangement
du salon, de la salle de séjour ou du coin de lecture.

Las lámparas de pie son un elemento tradicional en
la decoración y siguen resultando insustituibles en la
organización de salones, zonas de estar o rincones
de lectura.

■ **Archimoon Soft** *by Philippe Starck. Flos*

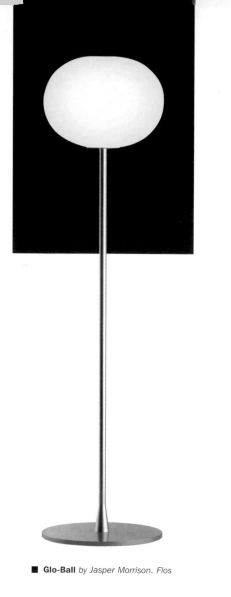

■ **Glo-Ball** *by Jasper Morrison. Flos*

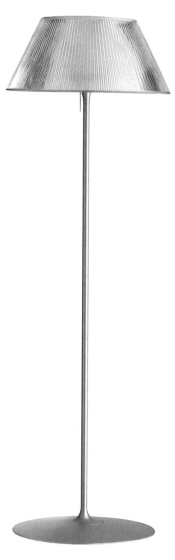

■ **Romeo Moon** *by Philippe Starck. Flos*

■ **Tria Halógena** by *Gabriel Teixidó. Carpyen*

Cromatica by *Giovani Levanti.*
Modular Domodinamica

■ **Olympiona** by *Denis Santiachiara.*
Modular Domodinamica

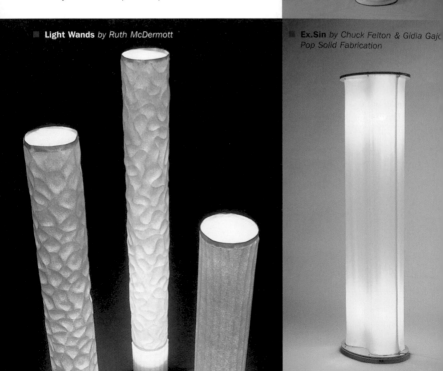

■ *Design by Robert A. Wettstein*

Most of today's floor lamps boast a formal, extremely subtle avant-garde design, which appears different according to whether it is night or day and so proves highly adaptable.

Die meisten Stehlampen zeichnen sich durch ein avantgardistisches, formales Design aus, das durch die unterschiedliche Wirkung bei Tag oder Nacht zum tragen kommt, sowie vielfältige einsetzbarkeit.

Les lampes à pied se caractérisent par une forme au design avangardiste et extrêmement subtil, qui s'adapte à la journée comme à la soirée.

Un diseño formal extremadamente sutil y vanguardista, variable entre el día y la noche, y muy adaptable define a la mayoría de las lámparas de pie.

■ **Light Wands** by *Ruth McDermott*

■ **Ex.Sin** by *Chuck Felton & Gidia Gajo* *Pop Solid Fabrication*

■ **Melo** *by Marco Carenini. Ribag Licht*

■ **Wabigon** *by r+d Design*

91

Table Lamps

Tischlampen
Lampes de table
Lámparas de mesa

Table lamps provide either environmental or precisely focussed lighting. The main trend is for functional models that do not overlook esthetic criteria.

Tischlampen ermöglichen atmosphärische wie auch direkte Beleuchtung. Der Trend geht in Richtung funktionaler Modelle, die ästhetische Aspekte dabei nicht außer Acht lassen.

Les lamps de table offrent une lumière tamisée et ponctuelle. Les tendances optent pour des modèles à la fois fonctionnels et esthétiques.

Las lámparas de mesa ofrecen una luz ambiental o dirigida a un lugar concreto. Las tendencias apuntan hacia modelos funcionales que no olvidan la belleza estética.

■ **Setupfur**. *by Marcel Wanders Studio*

■ *Design by Robert A. Wettstein*

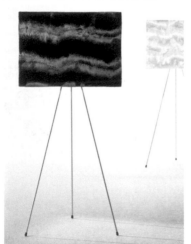

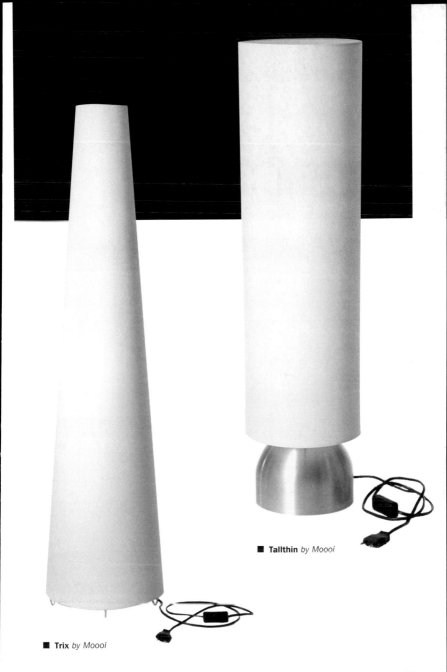

■ **Tallthin** *by Moooi*

■ **Trix** *by Moooi*

■ **Archimoon Tech** *by Philippe Starck. Flos*

■ **Oci** *by Rodolfo Dordoni. Flos*

Today's lamps exploit the potential of
new materials to conjure up a wide range
of different atmospheres.

Die heutigen Lampen schöpfen das Potenzial
neuester Materialien aus, und schaffen somit
eine Vielfalt an Beleuchtungsmöglichkeiten.

Les lampes actuelles s'adaptent aux
nouveaux matériaux et proposent des
éclairages suggestifs et variés.

Las lámparas actuales se adaptan a los
nuevos materiales a la vez que recrean con una
sugerente luz las más variadas atmósferas.

■ *Design by Pop Solid Fabrication*

Droog-Lacet *by Marcel Wanders Studio*

Foldedsh *by Moooi*

Setuprou *by Moooi*

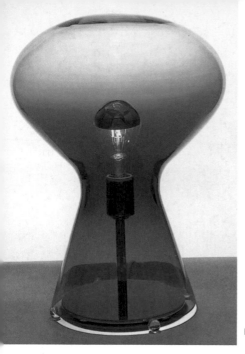

■ **Soft Collection (3820)** *by Karim Rashid.*
George Kovacs Lighting

■ **Flors-B.L.O** *by*
Marcel Wanders Studio

■ *Design by Ingo Mauer (photo: Tom Vack)* ■ **Bigshado-Shadocol** *by Marcel Wanders Studio*

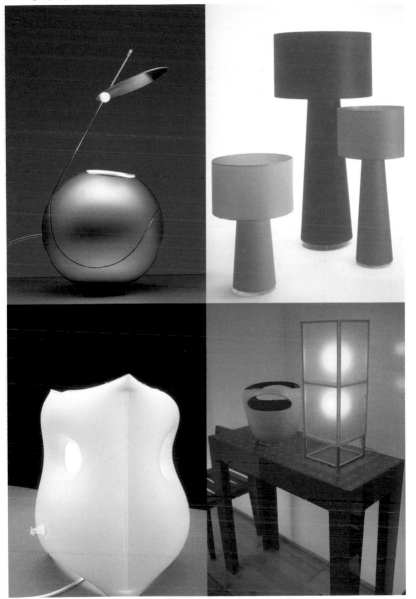

■ **Table Light** *by Nick Crosbie. Inflate Ltd.* ■ *Design by Philippe Cramer (photo: David Willen)*

Wall Lamps

Wandleuchten
Appliques
Lámparas de pared

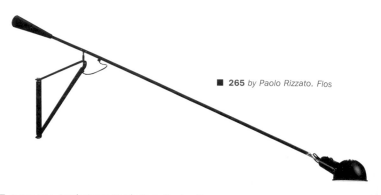

■ **265** *by Paolo Rizzato. Flos*

■ **Artica** *by J. García Garay. García Garay Iluminación*

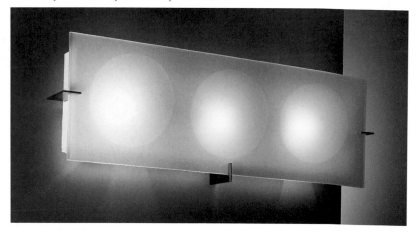

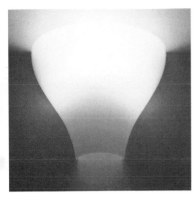

■ **Est** by Rodolfo Dordoni. Flos

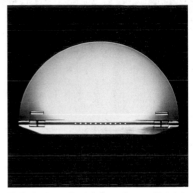

■ **Verte A.** by Sergi & Óscar Devesa. Metalarte

■ **Hamilton** by Pascual Salvador. Carpyen

■ **Vertex** by J. García Garay.
García Garay Iluminación

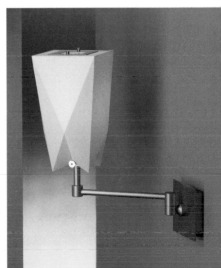

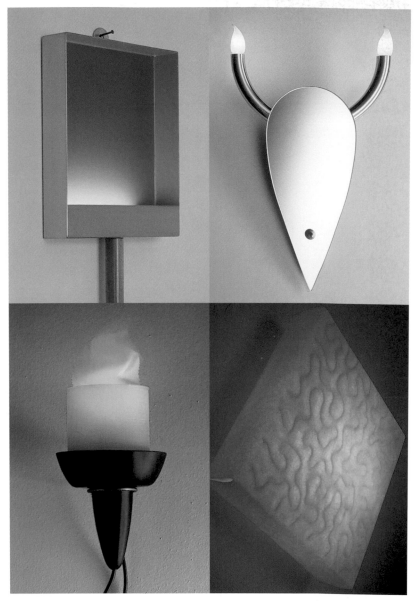

■ *Design by Pop Solid Fabrication*

■ **Biancaneve** *by Beppe Faccente.*
Modular Domodinamica

■ **Olympia** *by Denis Santachiara.*
Modular Domodinamica

■ **Hello Wall Light** *by Ruth McDermott*

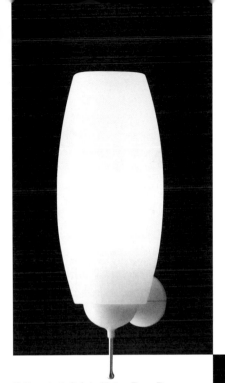

The new designs in wall lamps are uninhibited by formal and positional requirements or the functions proper to this type of light.

Die aktuellen Designs von Wandlampen sind in ihren Formen weder durch ihre Positionierung noch durch ihre Gebrauchsweise eingeschränkt.

Le nouveau design des appliques montre que les traits ne se limitent ni aux formes, ni à la localisation, ni à l'utilité de ces modèles.

Los nuevos diseños en apliques demuestran que sus trazos no se ven limitados ni por las posibilidades formales, ni por su ubicación o las funciones propias de estos modelos.

■ **Venezia Switch** *by Matteo Thun. Flos*

■ **Sedux** *by Denis Santachiara. Modular Domodinamica*

■ **Qua** *by Prospero Rasulo. Foscarini*

■ **Glo-Ball Basic** by *Jasper Morrison.*
Flos

Lamps have become strikingly
specialized, even though their
design can often permit them to be
put on shelves or in other settings.

Lampen sind zwar zunehmend
spezieller geworden, das Design
erlaubt ihnen jedoch in
unterschiedichen Räumen und
Umgebungen zu stehen.

■ **Loca Flores** by *Rodolfo Dordoni.*
Flos

Les lampes se sont
remarquablement spécialisées,
mais leur design leur permet
toujours d'accompagner des pièces
et des espaces différents.

Las lámparas se han especializado
notablemente a la vez que su
estética permite que un mismo
diseño pueda ser situado en
estancias y ambientes diferentes.

■ **Lluna** by *Gabriel Teixidó. Carpyen*

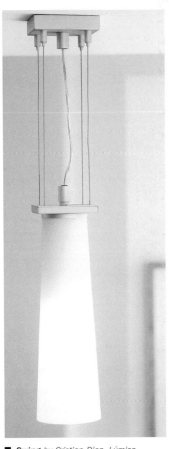

■ **Swing** by Cristian Diez. Lúmica

■ **Flash** by Gabriel Teixidó. Carpyen

■ **Twist Foco** by Cristian Díez. Lúmica

Suspension Lamps

Hängeleuchten
Plafonniers
Lámparas colgantes

Ceiling lamps resolve the problem of general lighting and can serve to illuminate a dining-room table. Today's models come in various shapes and make it possible to vary the height as required.

■ **Halo** *by Marcel Wanders Studio*

■ **Panpipes** *by Marcel Wanders Studio*

Deckenlampen dienen als generelle Lichtquelle und ermöglichen die Beleuchtung von Esszimmertischen. Von unterschiedlichster Form, ermöglichen sie es, die Höhe je nach Bedarf anzupassen.

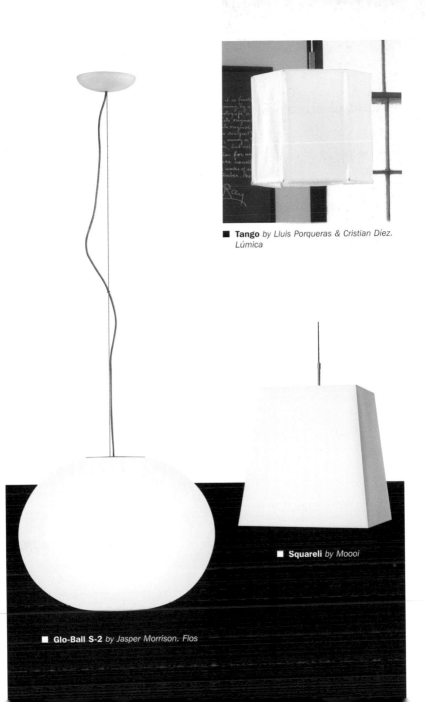

■ **Tango** by Lluis Porqueras & Cristian Díez.
Lúmica

■ **Squareli** by Moooi

■ **Glo-Ball S-2** by Jasper Morrison. Flos

■ **Paragaudi** *by Ingo Mauer*

Les plafonniers diffusent une lumière générale et éclairent la table à manger. De formes diverses, les propositions actuelles permettent de pouvoir modifier la hauteur selon le moment.

Las lámparas de techo resuelven la iluminación general y se encargan de proyectar luz sobre la mesa de comedor. De formas diversas, las propuestas actuales permiten decidir y modificar la altura que se requiere en cada momento.

■ **Tube** *by Moooi*

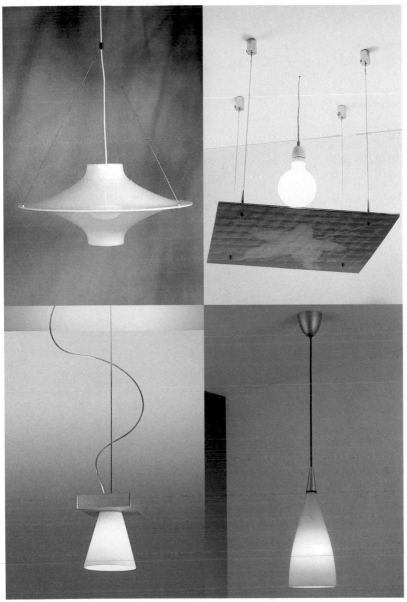

■ **Sky Flyer** by Yki Nummi. Adelta

■ **Lampade Plana** by Saporiti Italia

■ *Design by Prospero Rasulo*

■ **Nite** by Jorge Pensi. Grupo B. Lux

107

■ **Argos** *by J. García Garay.*
García Garay Iluminación

■ **Soft Collection (3830)** *by Karim Rashid.*
George Kovacs Lighting

■ **Rumba** *by Lluis Porqueras & Cristian Díez.*
Lúmica

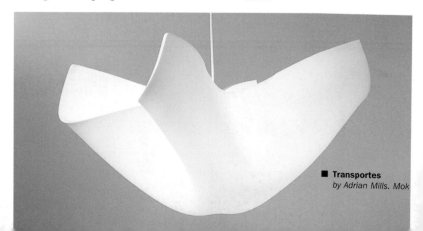

■ **Transportes**
by Adrian Mills. Mok

■ **Cumbia** *by Cristian Díez. Lúmica*

Chaises
Stühle
CHAIRS
Sillas

■ **Fishnet** *by Marcel Wanders Studio*

The chair is, along with the table, one of the oldest pieces of furniture, one of the most used and also one of the pieces that offers the greatest variety of models. Ever since ancient times human beings have needed something to support them in a seated position; over time, technological advances and fashions have influenced its design to give rise to pieces of exquisite beauty and great functionality.

One of the incidents that undoubtedly paved the way for new designs was the Thonet brothers' discovery, at the end of the nineteenth century in Austria, of an industrial process that made it possible to curve wood. From that moment on, the manufacturing of chairs made spectacular advances.

None of the models presented by today's designers stray far from the established outlines, even though it is possible to find models on the market imbued with extravagant imagination. After all these centuries, the watchword is still the same: four legs, with a backrest and seat that provide comfort.

These days there are chairs for all tastes: austere, unassuming, elegant, audacious, brightly colored, even sculptural; made out of wood, aluminum, wicker, iron tubes, vegetal fibers, polycarbonate, steel, plastic...

Whereas a few years ago extravagant ostentation was the reigning principle of chair design, nowadays ergonomics play a vital role, and new technology and materials have had a great impact by allowing designers to create new forms that were once considered impossible.

To make the right choice it is advisable to ascertain a chair's weight and maneuverability – a chair must be light, as it is the piece of furniture that is most often moved from one place to an other: Also, make sure that the chair is adaptable and its dimensions are not excessive, as well as examining the seat's support system and making sure that the joints provide the necessary resistance.

The chair has become a veritable cultural icon; most of the twentieth century's designers racked their brains over the act of sitting down (countless highly reputed designers have a chair in their portfolio, and few have been able to resist tackling this challenge). Although it is an element that has been perfectly resolved in functional terms for a long time, infinite possibilities exist, which adapt to all styles and necessities.

Der Stuhl gehört zusammen mit dem Tisch zu den ältesten und am häufigsten benutzten Möbelstücken, die zugleich am meisten angeboten werden. Seit der Antike braucht der Mensch ein Element zum Sitzen; im Laufe der Zeit entstanden unter dem Einfluss des technischen Fortschritts und der Mode Ausführungen von exquisiter Schönheit und großer Funktionalität.

Einer der entscheidenden Faktoren für die verbesserte Fertigung der Modelle ist die Entdeckung des industriellen Verfahrens zur Biegung von Holz durch die Gebrüder Thonet Ende des 19. Jahrhunderts in Österreich. Von diesem Moment an erfuhr die Produktion von Stühlen einen spektakulären Schub nach vorn.

Keines der von den modernen Designern entwickelten Modelle entfernt sich von den festgesetzten Schemata, obwohl man auf dem Markt auch von ungezügelter Phantasie durchtränkte Designs finden kann. Nach Jahrhunderten hat sich an der Parole nichts geändert: ein Element mit vier Füßen, einer Lehne und einem bequemen Sitz.

In unserer Zeit gibt es Stuhldesigns für jeden Geschmack: schlichtes, elegantes, gewagtes, koloristisches und sogar skulpturenhaftes; aus Holz, Aluminium, Korbweide, Eisenrohr, pflanzlichen Fasern, Polycarbonat, Stahl, Plastik ...

Wenn früher für den Entwurf dieses Objektes eher die Prahlsucht zugrunde lag, übernimmt heute die Ergonomie die Hauptrolle; Technologie und neue Materialien kommen bei der Konzeption moderner, manchmal unmöglicher Formen zu Wort.

Um die richtige Wahl zu treffen empfiehlt es sich, Bequemlichkeit und Gewicht zu prüfen – ein Stuhl muss leicht sein, denn dieses Stück wird am häufigsten von einem Ort zum anderen getragen – , die Sitzauflage sollte untersucht werden und man sollte sicher gehen, dass sämtliche Verbindungen die erforderliche Stärke haben, sowie die Vielseitigkeit und angemessene Maße berücksichtigt sind.

Der Stuhl ist zu einer kulturellen Ikone geworden und das Sich-Hinsetzen zu einer kopfzerbrecherischen Arbeit für die meisten Designer dieses Jahrhunderts (viele anerkannte Profis führen in ihrem Lebenslauf den Entwurf eines Stuhles auf und nur wenige haben widerstanden, das Design dieses Gegenstandes unter die Lupe zu nehmen). Obwohl es sich um ein seit langem funktionell definiertes Objekt handelt, gibt es unendlich viele Varianten, die allen Stilen und Bedürfnissen genügen.

La chaise est, avec la table, un des meubles les plus anciens et les plus utilisés. Elle offre aussi une grande variété de styles.

Depuis l'Antiquité, l'être humain a l'habitude d'utiliser un siège pour s'asseoir. Avec le temps, les progrès technologiques et les modes ont appris maîtriser la stylistique de ce meuble. On a pu créer des pièces à la fois très fonctionnelles et d'une grande beauté.

Un des épisodes les plus importants pour le renouvellement des propositions a été sans aucun doute la découverte des frères Thonet - en Autriche, à la fin du XIXe siècle - du procédé industriel permettant d'incurver le bois. À partir de ce moment, la fabrication de chaises connut une avancée spectaculaire.

Bien que l'on puisse toujours trouver sur le marché des designs à l'imagination démesurée, aucun des modèles proposés par les stylistes actuels ne s'éloigne réellement des règles établies. À travers les siècles, la consigne reste la même : quatre pieds, un dossier et un siège confortable.

Austères, discrètes, élégantes, audacieuses, colorées, voire sculpturales ; en bois, en aluminium, en osier, en tubes de fer, en fibre végétale, en polycarbonate, en acier, en plastique … Il existe aujourd'hui des chaises pour tous les goûts.

Si auparavant la conception de ce meuble était dominée par l'ostentation, c'est aujourd'hui l'ergonomie qui joue un rôle fondamental. La technologie et les nouveaux matériaux permettent de concevoir des formes incroyables, et sont riches de nombreuses possibilités.

Pour être sûr de son choix, il faut accorder une attention particulière au confort de la chaise, ainsi qu'à son poids (étant donné que c'est le meuble que l'on transporte le plus, elle doit être légère), étudier le système de soutient du siège, vérifier que l'assemblage est solide, prendre en compte la polyvalence et être sûr que la taille est appropriée.

La chaise est devenue un symbole culturelle et le concept du siège un véritable casse-tête pour la majeure partie des stylistes de ce siècle. (De nombreux professionnels de grand renom font apparaître dans leur curriculum une chaise qu'ils ont conçue. Et peu nombreux sont ceux qui n'explorent pas le design de cet objet). Bien que cet élément soit depuis longtemps abouti au niveau fonctionnel, on trouve une infinité de modèles qui s'adaptent à tous les styles et à tous les besoins.

La silla es, junto a la mesa, uno de los elementos más antiguos del mobiliario, uno de los más utilizados y, también, uno de los que ofrecen mayor número de propuestas. Desde la antigüedad el hombre ha precisado de un elemento que le garantizara el asiento; con el paso del tiempo, los avances tecnológicos y las modas, que han ido calando en su diseño, se ha conseguido crear piezas de exquisita belleza y gran funcionalidad.

Uno de los episodios que intervinieron en la renovación de propuestas fue, sin lugar a dudas, el descubrimiento de los hermanos Thonet –a finales del siglo XIX en Austria– de un sistema industrial que permitía curvar la madera. A partir de ese momento, la fabricación de sillas experimentó un espectacular avance.

Ninguno de los modelos que los diseñadores actuales proponen se aleja de los esquemas establecidos, a pesar de que puedan encontrarse en el mercado algunos diseños bañados por una desmesurada imaginación. Tras siglos, la consigna sigue siendo la misma: una pieza de cuatro patas, con respaldo y un asiento que ofrezca comodidad.

Austeras, discretas, elegantes, audaces, coloristas, algunas incluso escultóricas. De madera, aluminio, mimbre, tubo de hierro, médulas vegetales, policarbonato, acero, plástico… en la actualidad existen sillas para todos los gustos.

Si hace tiempo la ostentación reinaba a la hora de concebir esta pieza, hoy la ergonomía tiene un papel fundamental, y la tecnología y los nuevos materiales que permiten dibujar novedosas formas, a veces imposibles, tienen mucho que decir.

Para acertar en la elección es conveniente comprobar su comodidad y su peso –la silla debe ser liviana, ya que es la pieza de mobiliario que más se transporta de un lugar a otro–, estudiar el sistema de apoyo del asiento, revisar que las uniones ofrezcan la resistencia necesaria y tener en cuenta su polivalencia o que las medidas no resulten excesivas.

La silla se ha convertido en todo un icono cultural y el sentarse es uno de los quebraderos de cabeza de la mayoría de los diseñadores de este siglo (numerosos profesionales de prestigio cuentan con el diseño de una silla en su currículum y son pocos los que se han resistido a explorar en el diseño de este objeto). Aunque se trate de un elemento funcionalmente resuelto desde hace tiempo, existen infinidad de propuestas que se adaptan a todos los estilos y necesidades.

■ **Circo** *by Peter Marly. Cor*

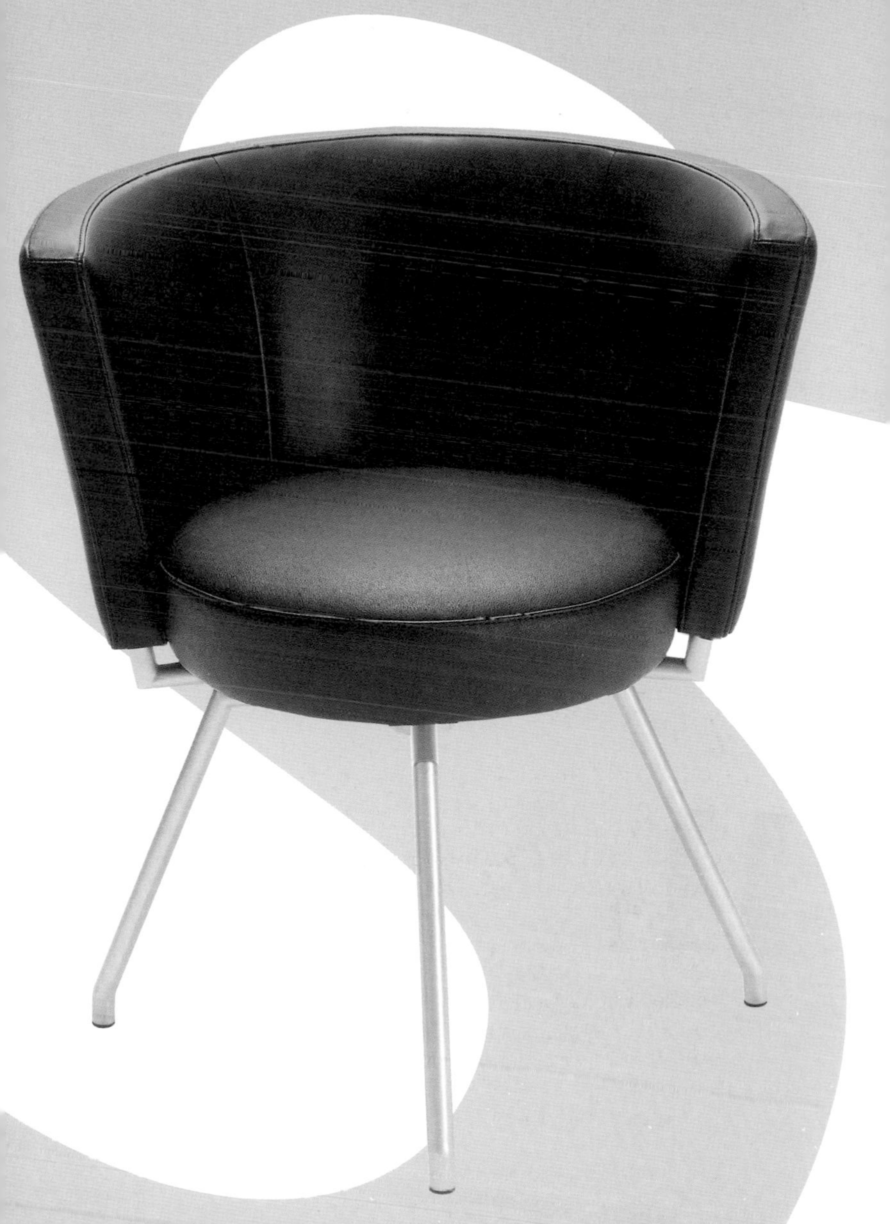

■ **Milan-Paris** by Lissoni Associati. Artelano

■ **Bombo Chair** by Stefano Giovannoni. Magis

■ **Gas** by Jesús Gasca. Stua

Design by Jean-Marc Gady

■ **Air Chair** *by Jasper Morrison. Magis*

■ **Chaise 10line** *by Pascal Morgue. Artelano*

■ *Design by Marc Newson*

■ **Lolia** *by Pascal Morgue. Artelano*

■ *Design by Marcel Wanders Studio*

■ **Gwapa.** *by Moooi*

123

Design by Marc Newson

Sudaluck by Bǒrek Sípek. Scarabas

Design by Marc Newson

■ **Open** by Massimo Iosa Ghini

■ **Pause Café** by Pascal Morgue. Artelano

■ **Dune** by Pascal Morgue. Fermob

■ **Tom-Vac** *by Ron Arad (photo: Wilhelm Moser)*

■ **Kumo** *by Toshiyuki Kita. Casas*

■ **Bone** by Nicola Golfari. Pop Solid Fabrication

■ **Mistral** by Bartoli Design

■ Design by John McDermott. Bola Design

■ **Un Foglio** by Dragana & Zoran Minic. Pop Solid Fabrication

Sola by Josep Lluscà. Oken

Macarena by Licvoro, Altherr & Molina. Tramo

ErRo by Kurt Ernt. Team by Wellis

■ **Arts** *by Andreu World*

■ **Star** *by Paco Cabdell*

■ **Bat** *by Paco Cabdell*

■ *Design by Pop Solid Fabrication*

■ **Set** *by Lema*

131

■ **Scompasta** *by Gianni Osgnach. Dilmos*

■ *Design by José María Rubio Anaya.*
Arche Taller de Arquitectura y Otros
Oficios

■ *Design by Pascal Tarabay*

■ **Modigliani "Teté"** *by Valais*

■ **Sheep Chair** *by Hella Jongerius*

■ **Arnono & Teodoro** *by Rari. Dilmos*

■ *Design by Pascal Tarabay*

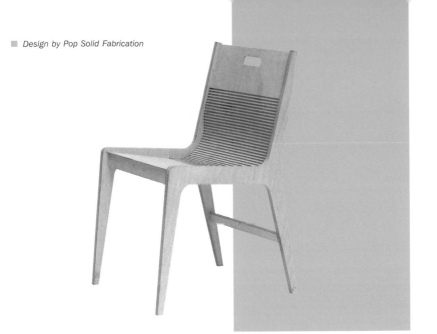

■ *Design by Pop Solid Fabrication*

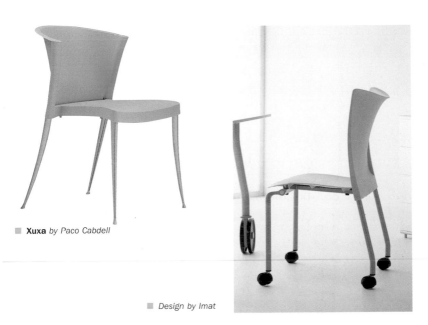

■ **Xuxa** *by Paco Cabdell*

■ *Design by Imat*

■ **Racional** by Joan Lao. Joan Lao Mobiliari

■ **Bianca** by Rari. Dilmos

■ **Wing** by Carlo Bartoli. Segis

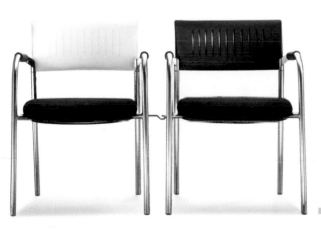

Blitz *by C. Bimbi & P. Romoli. Segis*

Talle *by Perry King & Santiago Miranda. (King Miranda Design)*

Design by Dauphin

137

■ **Claud** by Carlo Bartoli. Segis

■ **Sara** by Sergi & Óscar Devesa. Oken

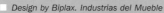
■ Design by Biplax. Industrias del Mueble

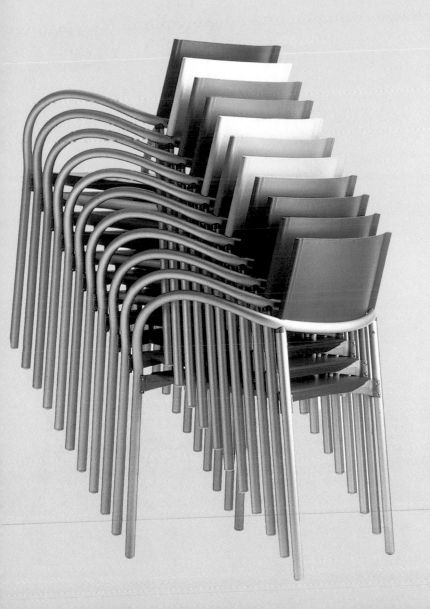

■ **Art.0035** by Robert Wettstein

■ **Kiyapo** by Bŏrek Sĭpek. Scarabas

■ Design by Biplax. Industrias del Mueble

■ **Bravo** by Paco Capdell

■ **Café** *by Piero Lissoni. Living*

■ **Simplice** *by Antonio Citterio. Maxalto*

Some designs are conceived as decorative elements as much as functional pieces of furniture and lie on the subtle borderline between sculpture and domestic objects.

Einige Entwürfe verstehen sich trotz ihrer Funktionalität auch als dekorative Elemente, und bewegen sich auf dem schmalen Grat, welcher Skulpturen von Haushaltsobjekten trennt.

Certains designs, qui ont été conçus comme des éléments à la fois décoratifs et fonctionnels, se situent à la limite entre sculpture et objet domestique.

Algunos diseños se han concebido como elementos decorativos además de funcionales y se sitúan en la sutil línea que separa la escultura del objeto doméstico.

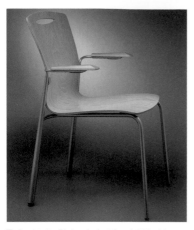

Design by Biplax. Industrias del Mueble

Design by Oken

Design by Biplax. Industrias del Mueble

■ **Alma** *by Prospero Rasulo. BRF*

■ **Aletta** *by Label*   ■ **Himba** *by Label*

Wood, aluminum, wicker, iron tubing,
vegetal fibers, polycarbonate, steel,
plastic: the latest designs cater for
every taste, requirement and budget.

Ob aus Holz, Aluminium, Korbgeflecht,
Eisenrohren, pflanzlichen Fasern,
Polycarbonat, Stahl, Plastik ... die
neuen Designs passen sich jedem
Geschmack, Bedarf und Budget an.

Bois, aluminium, osier, tube de fer,
fibres végétales, poly carbonate, acier,
plastique... Les nouveaux designs
s'adaptent à tous les goûts, besoins
et budgets.

De madera, aluminio, mimbre, tubo de
hierro, médulas vegetales,
policarbonato, acero, plástico... los
nuevos diseños se adaptan a todos los
gustos, necesidades y presupuestos.

■ **luta** *by Antonio Citterio. B&B Italia*

144

■ **Nikita** *by Label*

■ **Bridge Daytona** *by Olivier Gagnère.*
Artelano

■ **Conference** *by Label*

Dona by Label

Design by Modular Domodinamica

Fellini by Label

Sitzgeleg

Sièges

SEA

■ **Diesis** *by Antonio Citterio & P. Nava. B&B Italia*

The chair is not the only piece of furniture designed to be sat on. There are other elements that share this function, as well as providing an opportunity to relax. The only aspect that distinguishes them from a chair is their form, and the posture that must be adopted to make oneself comfortable in each particular case.

The characteristic outline of the sofa is derived from the typical medieval bench, which evolved from the simple and somewhat primitive shape that defined its distinctive appearance to more complex and comfortable forms. This transformation has led to today's models, which depart from convention to give way to more flexible and spacious elements that invite users to unwind. The sofa serves for social communication, watching television or just lounging about, and these requirements have all contributed to the diversification of its appearance, whilst also establishing the overriding criterion of comfort. The latest trends reveal a calculated balance between classical lines and daringly innovative forms. The aim is for harmony of proportions, impeccable workmanship and a visual appearance stripped of any frills – although some flights of imagination are permitted, provided they do not deprive the piece of its practical functions.

If the chair has an older sister, then this is surely the armchair, as it provides the same freedom of movement. Its prime virtues are lightness and comfort: these qualities not only take advantage of the space available but make it an important free-wheeling element. The armchair serves individual pleasure: relaxation, reading and absorbed concentration. For a long time now it has been independet from the sofa, and the latest models demand that is afforded its own rightful place.

Chaise longues are not a recent invention. These whimsically shaped divans first appeared in the eighteenth century, but today's designers have set about modernizing them by mixing forms that veer between the past and the future while adapting to contemporary requirements. It is a highly individual piece of furniture that tempts users to indulge in shameless and carefree relaxation.

The most dynamic, but least hospitable, of all seats is the stool. Its shape – a simple outline that defines its functional priorities – induces a different approach to seating. It encourages sociability and proves particularly handy in office canteens, at work desks and at bar counters.

Der Stuhl ist nicht das einzige Möbelstück zum Hinsetzen. Er teilt seine Funktion mit anderem Mobiliar, das dem Menschen zur Entspannung bereitsteht und das sich vom Stuhl durch seine Form und die Haltung unterscheidet, die man einnimmt, wenn man es sich auf ihm bequem macht.

Das charakteristische Profil des Sofas hat seinen Ursprung in der Bank des Mittelalters. Die anfangs einfachen und ein wenig groben Züge dieses Objektes entwickelten sich zu komplexeren und bequemeren Formen. Die modernen Modelle haben im Laufe dieser Umwandlung die konventionellen Aspekte hinter sich gelassen und gewähren geräumigeren und vielseitigeren Elementen den Vortritt. Gesellschaftliche Unterhaltungen, Fernsehen oder einfach Entspannung tragen zum Abwechslungsreichtum der Ausführungen bei, die gleichzeitig aber auch eine Vereinheitlichung unter dem Zeichen der Bequemlichkeit anstreben. Die neuen Tendenzen zielen auf ein freiwilliges Gleichgewicht zwischen klassischen Linien und radikal innovativen Formen. Man ist auf der Suche nach einer Harmonie der Proportionen, einer geläuterten Ästhetik mit gewissen Zugeständnissen an die Phantasie, die aber nicht auf Kosten der Zweckmäßigkeit gehen dürfen.

Der große Bruder des Stuhles ist der Lehnstuhl, ein kleiner Sessel mit unabhängigem Charme. Seine Tugenden drücken sich in Leichtigkeit und Bequemlichkeit aus, Qualitäten, die den Raum ausnützen und ihn zu einem perfekten Allzweckmöbel machen. Der Lehnstuhl dient vornehmlich der persönlichen Entspannung, des Wohlbefindens, der Lektüre ... und hat sich schon lange vom Sofas gelöst. Die neuesten Tendenzen sehen einen eigenen Platz für ihn vor.

Die Chaiselonguen sind keine neue Erfindung. Diese Diwane mit ihren kapriziösen Formen gehen auf das 18. Jahrhundert zurück; Designer modernisierten ihren Stil mit Formen zwischen Vergangenheit und Zukunft, die sich den Anforderungen der Gegenwart anpassen. Die Chaiselongue ist wie eine Einladung voller Individualismus und Egoismus zur rücksichtslosen Entspannung.

Der Hocker ist die ungastlichste aber dynamischste Sitzgelegenheit. Seine Formen – in einfachem, funktionswilligen Stil – laden zum Sitzen auf andere Weise ein. Seine gesellige Natur macht ihn zu einem guten Kameraden am Esszimmertresen, an Arbeitstischen oder an der Bar.

La chaise n'est pas le seul meuble fait pour s'asseoir. D'autres éléments remplissent cette même fonction et permettent à l'individu de se reposer. La seule chose qui les distingue de la chaise est leur forme ainsi que la position que l'on doit adopter pour s'y sentir à l'aise.

La forme caractéristique du canapé nous vient du banc médiéval. Les traits simples et un peu grossiers qui caractérisaient son esthétique ont évolué vers des formes plus complexes et plus confortables. Cette transformation se traduit dans les modèles actuels par un abandon des formes conventionnelles, et par l'apparition d'éléments plus amples et polyvalents, qui invitent à l'évasion. Communiquer avec les autres, regarder la télévision, se relaxer, sont quelques-unes des activités qui contribuent à diversifier l'aspect du canapé tout en respectant le confort qu'il doit apporter. Les nouvelles tendances optent pour un juste équilibre entre les lignes classiques et les formes très innovantes. On recherche en général des proportions harmonieuses, une réalisation impeccable et une esthétique épurée. On fait parfois quelques concessions à l'imagination si celle-ci ne prive pas le meuble de son utilité.

Le fauteuil est en quelque sorte le grand frère de la chaise. Il est conçu comme un petit canapé au caractère indépendant. Ses avantages résident dans le fait qu'il est léger, confortable, mais aussi qu'il ne prend pas de place et qu'on peut l'installer où l'on veut. Le fauteuil est approprié au repos individuel, au recueillement, à la lecture... Cela fait maintenant longtemps qu'il ne dépend plus du canapé, et les propositions les plus avangardistes lui octroient un lieu particulier.

L'invention des chaises-longues ne date pas d'hier étant donné que ces divans à la forme capricieuse sont nés au XVIIIe siècle. Les stylistes ont entrepris de moderniser leur aspect avec des formes qui oscillent entre le passé et le futur, tout en s'adaptant aux exigences du présent. Il s'agit d'un meuble individuel et égoïste qui invite au repos sans contemplations.

Le siège le moins hospitalier mais le plus dynamique est le tabouret. Ses formes (une silhouette simple qui traduit son but fonctionnel) invitent à s'asseoir d'une autre façon. Il est de nature sociable et accompagne parfaitement les salles à manger, les tables de travail ou encore les meubles bar.

■ **Drum** by Ramon Isern. Tramo

La silla no es la única pieza de mobiliario destinada a dar asiento. Otros elementos comparten con ella esta función y se encargan de proporcionar descanso al individuo. Lo único que los distingue de la silla es su forma y la postura que debe adaptarse para estar confortable en cada una de ellos.

El característico perfil del sofá nace del típico banco medieval. Partiendo de los trazos simples y un tanto rudos que definen a este elemento y que marcan su estética, evoluciona hasta desarrollar formas más complejas y confortables. Una transformación que en los modelos actuales abandona los convencionalismos para dejar paso a elementos más amplios y polivalentes que convidan a olvidarse en ellos. Ver la televisión, la necesidad de comunicarse socialmente, o el relax son algunas de las actividades que contribuyen a diversificar su aspecto y, a la vez, a unificarlos a todos bajo el signo de la comodidad. Las nuevas tendencias apuntan a un voluntario equilibrio entre líneas clásicas y formas rabiosamente innovadoras. Se busca la armonía de las proporciones, una ejecución impecable, una estética depurada y se toleran algunas concesiones a la imaginación aunque estas no deben privar a la pieza de practicidad.

Si la silla tiene una hermana mayor esa es la butaca. Se trata de un silloncito individual de espíritu independiente. Sus virtudes son la ligereza y confortabilidad; cualidades que además de rentabilizar el espacio la convierten en el perfecto comodín. La butaca se reserva al confort individual, al recogimiento, a la lectura... hace tiempo que se independizó de la tiranía del sofá y las propuestas más novedosas reclaman un espacio propio.

Las "chaise-longue" no son un invento reciente. Estos divanes de caprichosa forma nacieron en el siglo XVIII y los diseñadores se han encargado de modernizar su perfil bajo formas que navegan entre el pasado y el futuro y que se adaptan a las exigencias del presente. Se trata de una pieza individual y egoísta que invita al relax sin contemplaciones.

El asiento menos hospitalario y más dinámico es el taburete. Sus formas –perfil simple que define su voluntad funcional– invitan a sentarse de otra manera. Es de naturaleza sociable y es un buen compañero en comedores-office, mesas de trabajo o muebles bar.

■ **Freetime** by Antonio Citterio. B&B Italia

Sofas

Sofas
Canapés
Sofás

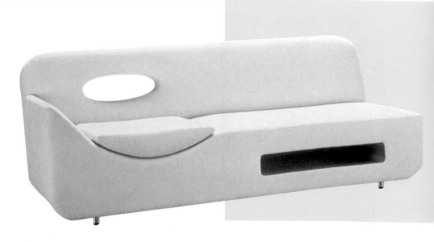

■ **One** *by Karim Rashid*

■ **Reef** *by Piero Lissoni. Cassina*

■ **Giolito** *by Biagio Cisotti & Sandra Laube. BRF*

■ **Blue Moon** *by Christophe Pillet. Artelano*

■ **Metropolitan** *by Lievore, Altherr & Molina. Perobell*

■ **HM294** *by Sarah-Jane Wakely. Hitch Mylius Limited*

The sofa is a fundamental, indispensable and welcoming piece of furniture in any home. Comfort must be taken into account in its design, as well as esthetic considerations.

Das Sofa ist eines der unentbehrlichen und einladenden Grundelemente einer Wohnung. Wesentlich in seinem Design ist neben den ästhetischen Elementen der Aspekt der Gemütlichkeit.

Dans la maison, le canapé est un élément basique, indispensable et confortable. Son design met l'accent sur les critères aussi bien esthétiques que pratiques.

El sofá es una de las piezas básicas, imprescindibles y acogedoras de la casa. En su diseño deben primar, además de los criterios estéticos, los de comodidad.

■ **Reef 250** *by Piero Lissoni. Cassina*

■ **Wall** *by Piero Lissoni. Living Divani*

■ **Dandy** *by Antonio Citterio. B&B Italia*

■ **Lida** *by Daniel Kübler. Team by Wellis*

■ **Cmni** *by Karim Rashid*

■ **Porcelain** *by Mick Bradbury. Stone Circle*

Tho developments experienced by this element are evident in many new models with complicated forms, although they are just as comfortable as other more traditional forms.

Der Fortschritt im Entwurf dieses Möbels zeigt sich in vielen neuen Modellen. Trotz ihrer komplexeren Gestaltung, sind sie ebenso komfortabel wie die klassischoren Varianten.

On remarque l'évolution de cet élément dans beaucoup des nouveaux modèles. Ces derniers optent pour des silhouettes complexes mais tout aussi confortables que les celles qui sont plus traditionnelles.

La cvolución de este elemento es evidente en muchos de los nuevos modelos, que optan por desarrollar perfiles complejos aunque igual de confortables que otros más tradicionales.

163

■ **Swing PLUS** *by Denis Santachiara. Modular Domodinamica*

■ **Box** *by Piero Lissoni. Living Divani*

■ **Frog + Bench S.** *by Piero Lissoni. Living Divani*

■ **Moods** *by Arflex*

■ **Delta 2** *by Roberto Romanello. Segis*

■ **Master** *by Antonello Mosca. Giorgetti*

Agua *by Diego Fortunato. Perobell*

■ **Argentum** *by Diego Fortunato. Perobell*

■ **Scoop** *by Claesson, Koivisto & Rune. Living Divani*

■ **Twin** *by Piero Lissoni. Living Divani*

■ **HM30** *by Shin+Tomoko Azumi. Hitch Mylius Limited*

■ **Classic** *by Afra & Tobia Scaropa. Meritalia*

■ **Café Marly** by Olivier Gagnere. Artelano

■ **Imagine** by Pascal Morgue. Artelano

■ **Palm-Springs** by Christophe Pillet. Artelano

■ **Aurora** *by Pina Bradbury. Meritalia*

■ **Ginger** *by Jorge Pensi. Perobell*

The latest trends have foresworn sharp lines in favor of naturalness, comfort and lightness.

Die neuen Tendenzen beginnen sich von harten Linien abzuwenden und verkünden Natürlichkeit, Gemütlichkeit und Leichtigkeit.

Les nouvelles tendances s'éloignent volontairement des lignes brusques, pour se rapprocher de la nature, de la commodité et de la légèreté.

Las nuevas tendencias apuntan a un voluntario desapego de las líneas bruscas y anuncian naturalidad, comodidad y ligereza.

■ **Numa** *by Vittorio Prato. Meritalia*

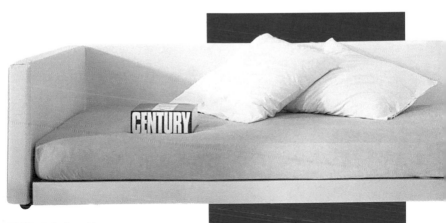

■ **Flipper** *by Emmebi*

■ **Metroquadro** *by Piero Lissoni. Living Divani*

■ **Chocolate** *by Jorge Pensi. Perobell*

■ **Dado** *by Antonio Citterio. B&B Italia*

■ **Box Light** *by Piero Lissoni. Living Divani*

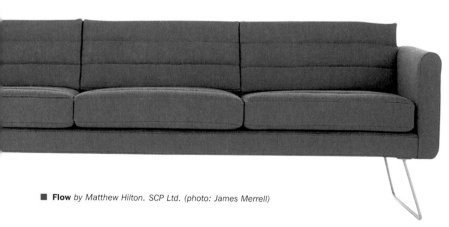

■ **Flow** *by Matthew Hilton. SCP Ltd. (photo: James Merrell)*

■ **Harry** by Antonio Citterio. B&B Italia

■ **JKR** by Lievori, Altheer & Molina. Perobell

The sofa has become the focal point of
the home's most sociable space:
the living room. It is the dominant
element of these settings.

Das Sofa ist zum Kern des
gesellschaftlichsten Bereiches der
Wohnung geworden, dem Wohnzimmer.
Es ist der absolute Mittelpunkt dieses
Raumes.

Le canapé est devenu l'élément principal
de la pièce la plus sociale de la maison:
la salle de séjour. C'est lui qui détermine
la personnalité de l'espace.

El sofá se ha convertido en el eje central
de la estancia más social de la vivienda:
la sala de estar. Es el protagonista
absoluto de estos ambientes.

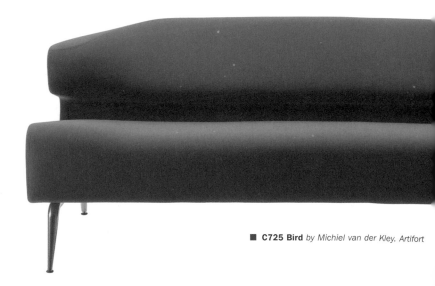

■ **C725 Bird** *by Michiel van der Kley. Artifort*

■ **Bench Sistem** *by Piero Lissoni. Living Divani*

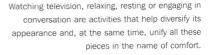

Watching television, relaxing, resting or engaging in conversation are activities that help diversify its appearance and, at the same time, unify all these pieces in the name of comfort.

Fernsehen, entspannen, ausruhen oder sich unterhalten - dies sind verschiedene Aktivitäten, die sein Aussehen variieren und sich gleichzeitig in diesem Möbelstück im Sinne der Gemütlichkeit vereinen.

Regarder la télévision, se détendre, se reposer ou communiquer sont parmi les activités qui contribuent à faire varier l'aspect du canapé, sans oublier le confort qu'il doit apporter.

Ver la televisión, relajarse, descansar o la necesidad de comunicarse socialmente son actividades que contribuyen a diversificar su aspecto y, a la vez, a unificar a todas estas piezas bajo el signo de la comodidad.

■ **Easy** *by Pearson Lloyd*

Modules, corner pieces, generously designed models that fit into any setting.

Ob Sitzgruppen oder Ecksofas – großzügig entworfene Modelle passen sich an alle Umgebungen an.

Ensemble de modules, encoignures, designs généreux qui s'adaptent à n'importe quel espace.

Programas modulares y rinconeras hasta diseños de dimensiones generosas que se adaptan a todos los ambientes.

■ **905** by Artifort

■ **Pavus** by Alfred Kleene & Gabriele Assmann. Cor

185

Armchairs

Sessel
Fauteuils
Butacas

■ **Serie Up 2000** *by Gaetano Pesce. B&B Italia*

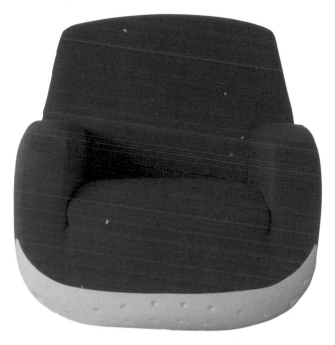

■ **Swing** by Denis Santachiara. Modular Domodinamica

■ **Delta** by Roberto Romanello. Segis

■ **Paola** *by Nicola Golfani. Pop Solid Fabrication*

■ **Squadra** *by G. Osgnach. Dilmos*

The visual appearance of these pieces is very
important but comfort is the main watchword.

Obwohl die Ästhetik zwar sehr wichtig ist,
bleibt die Gemütlichkeit der elementarste Aspekt.

Bien que l'esthétique de ces éléments soit très
importante, c'est avant tout la commodité qui importe.

La estética de estas piezas es muy importante,
pero la comodidad es imprescindible.

■ **Voyager Nest** *by Saporiti Italia*

■ **DF2** *by Diego Fortunato. Perobell*

■ **Twin** *by Piero Lissoni. Living Divani*

■ **Movie** *by Saporiti Italia*

■ **Gamma** *by Roberto Romanello. Segis*

■ **Liba** *by Massimo Scolari. Giorgetti*

■ **Entelchy** *by Saporiti Italia*

■ **Little Albert** by Moroso

■ **Lounge Chair** by Nick Crosbie, Inflate Ltd.

■ **Tropicana** *by Saporiti Italia*

■ *Design by Pop Solid Fabrication*

■ **Panama** *by Matthew Hilton. SCP Ltd.*

192

■ **Jelly** by Piero Lissoni. Living Divani

■ **Box** by Piero Lissoni. Living Divani

193

■ **Swing** *by BRF*

■ **Scoop** *by Piero Lissoni. Living Divani*

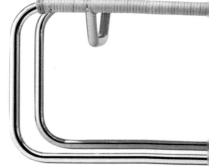

■ **Sessel S 3t R**
by Marcel Breuer. Thonet.
(photo: Michael Gerlachi)

■ **Jazz** by *Saporiti Italia*

195

Chaise Longues

Chaiselonguen
Chaises-longues
Chaise-longues

■ **Easy Câlin** *by Pascal Morgue. Ligne Roset*

■ *Design by Pascal Tarabay*

■ **Faventia** *by Josep Lluscà. Oken*

197

An invitation to relax without any inhibitions:
that is the basic function of the chaise-longue.

Eine Einladung zu grenzenloser Entspannung:
dies ist die wichtigste Aufgabe der Chaiselongue.

■ **Voyager** by Saporiti Italia

La chaise-longue a pour principale fonction
d'inviter à uno relaxation sereine.

Una invitación al relax sin contemplaciones.
Esa es la función básica de la "chaise-longe".

■ **Maya Cuoro Rosso Bulgaro** by
Denis Santachiara. Modular Domodinamica

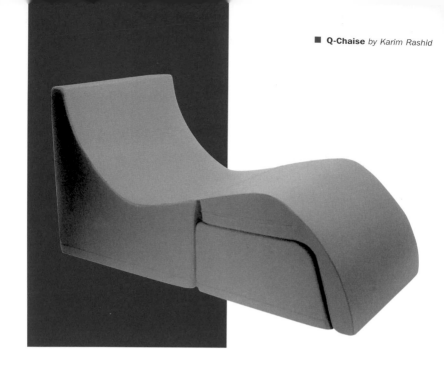

■ **Q-Chaise** *by Karim Rashid*

■ **Frog Large** *by Piero Lissoni. Living Divani*

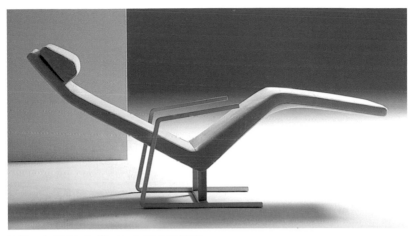

■ **Mare** by Christophe Marchand. Room by Wellis

■ **Master** by H. Wettstein. Arflex Internacional

201

Stools

Hocker
Tabourets
Taburetes

The stool is the least "hospitable" of seats but it is also the most sociable and flexible.

Der Hocker ist zwar weniger gemütlich, jedoch ebenfalls eine polyvalente Sitzgelegenheit, die den gesellschaftlichen Austausch fördert.

■ **Open** *by Massimo Iosa Ghini*

Le tabouret est peut-être moins " accueillant ", mais il est plus sociable et plus polyvalent.

El taburete es el asiento menos "hospitalario" pero también el más sociable y polivalente.

■ **Tripod Stool** *by Bola Design*

Innie-Blade / Outi-Blade
by Patrick Chia. BRF

Bombo
*by Stefano Giovannoni.
Magis*

Open Bar *by Massimo Iosa Ghini*

■ **Coma** *by Josep Lluscà. Enea*

■ **Centonila Sgabello**
by James Irvine. Magis

■ **Sister** *by Giacomo Passal. Andreu World*

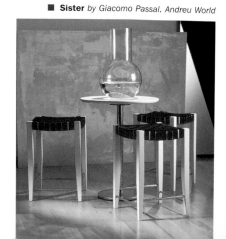

■ **Lyra** *by Group Italia. Magis*

204

■ **Poulpa** *by r+d Design*

■ **Zanzibar** *by Raul Barbieri. Rexite*

■ **Yuyu** *by Stefano Giovannoni. Magis*

Tisc
Tables
TA

Incontro *by Ennio Arosio. Glas*

ne
BLES
Mesas

I f there is one piece of furniture simpler than the chair, then it is the table. Ever since time immemorial it has proved both indispensable and irreplaceable; despite being subject to the march of progress and the whims of fashion, its forms have remained very precise, with highly stylized geometric features, although some more daring and unconventional designers have come up with pieces that are governed more by artistic criteria than functional considerations...

Is there any sense in dreaming up a table that forsakes the basic horizontal principle? In most cases the answer will certainly be no, as, however visually attractive the result may be, it will not serve the function for which it was created.

The history of the table is marked by experimentation with materials previously thought unthinkable; by both transparency and solidity; by mobility; by varying dimensions and by the possibility of extending the surface area. However, its development has possibly been less rich in ideas and solutions than that of other pieces of furniture but, nevertheless, it remains, along with the chair, one of the star turns of decoration, simply because it proves so essential.

Dining-room tables, center tables, side tables, kitchen tables: there are so many rooms that need this basic element and today's most innovative designs provide the answer for every requirement.

The basic form for a dining-room table is the rectangle, although rounded ends encourage conversation by placing guests closer together, as well as fitting them more easily into corners; extending tables help solve one of the problems of feeding large numbers of guests, while folding tables are ideal for rooms where space is at a premium.

Side tables serve a wide range of functions all over the house: alongside the dining room, in a corner, beside the couch, in the kitchen. They support the remote control, the telephone, lamps, books, half-read magazines or a set of dishes, or they can serve as a foot rest or the setting for an improvised meal... They are, quite simply, indispensable, on account of their practicality and their modest dimensions; they are multi-functional and are so flexible and adaptable that they can be used in various rooms.

Whether large or small, extending or folding, today's tables combine the utmost precision with the use of new materials, to achieve a balance between visual beauty and utility.

Extention *by Ennio Arosio. Glas*

Wenn ein Möbelstück noch einfacher sein kann als der Stuhl, so ist es der Tisch. Seit undenklichen Zeiten ist seine Verwendung durch kein anderes Möbelstück ersetzt worden und seine Formen sind trotz der von Fortschritt und Modernisierung geprägten Mode immer noch genau umrissen: geometrische Figuren forcierter Stilisierung, selbst wenn wagemutige und traditionsverneinende Designer darauf setzen, Objekte zu entwerfen, die eher Kunst als Funktionalität repräsentieren.

Ist es sinnvoll, einen Tisch zu konzipieren, der das Grundprinzip der waagerechten Fläche verneint? Ganz sicher wird die Antwort in den meisten Fällen ein Nein sein; selbst wenn das resultierende Objekt ästhetisch von großer Schönheit sein sollte, erfüllt es nicht den ihm zugedachten Zweck.

Transparenz, Experimente mit bisher unvorstellbaren Materialien, Stabilität, Beweglichkeit, variable Abmessungen oder Höhenverstellbarkeit – die Gestaltungs- und Lösungsansätze moderner Tische zeigen im Vergleich zu anderen Möbeln möglicherweise eine ärmere Entwicklung. Trotzdem gehören sie aufgrund ihrer schieren Notwendigkeit weiterhin – zusammen mit dem Stuhl – zu den Star-Elementen der Einrichtung.

Esszimmertische, runde Tische, Beistelltische, Küchentische ... für viele Räume ist dieses Grundelement unerlässlich: die modernen Designs finden eine Antwort auf alle Bedürfnisse.

Rechteckige Tische sind die Essenz des Esszimmers; abgerundete Tische beleben Unterhaltungen, weil die Gäste näher beieinandersitzen, und sparen Platz, da sie in jeder Ecke aufgestellt werden können; Ausziehtische lösen die Probleme unerwarteter Gäste und Klapptische passen sich engen Räumlichkeiten an.

Im Esszimmer, in einer Ecke, neben dem Sofa, in der Küche ... Beistelltische stehen ganz im Dienst der Funktionalität, als Ablage für Fernbedienungen, für Lampen, Bücher, aufgeblätterte Zeitschriften, zum Abstellen von Tellern, für ein improvisiertes Essen, für das Telefon oder um die Füße zu entspannen ... Sie sind ganz einfach nicht wegzudenken, weil sie so praktisch und handlich sind. Vielseitig, multifunktionell und passend für jede Umgebung.

Große Tische, Klapptische, Ausziehtische ... das heutige Angebot hält sich an strengste Einhaltung der Form, an die Verwendung neuer Materialien und an die ästhetische Harmonie zwischen Schönheit und Nützlichkeit.

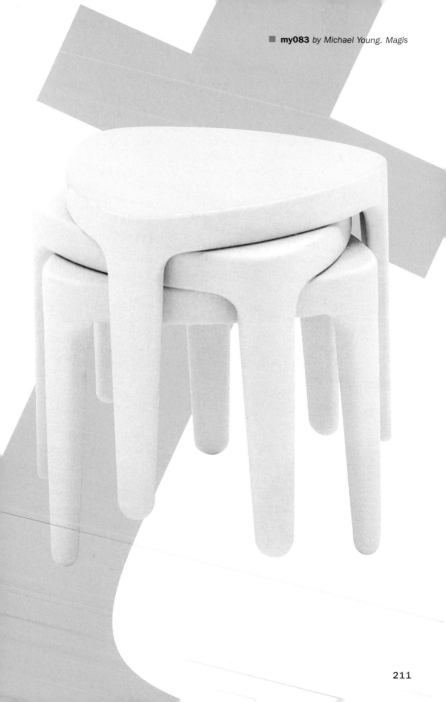

S'il existe un meuble plus simple que la chaise, c'est sans aucun doute la table. Depuis des temps immémoriaux, son usage n'a su être remplacé par rien d'autre. Ses formes, même en passant par différentes modes, restent très précises : des figures géométriques très stylisées. Néanmoins, certains stylistes osent transgresser les règles et conçoivent des tables plus proches de l'art que de l'utilité.

Mais y a t-il un quelconque intérêt à vouloir créer une table qui perde son principe élémentaire d'horizontalité? Dans la plupart des cas, la réponse sera bien évidemment non puisque l'élément aura beau être très esthétique, il ne pourra remplir la fonction pour laquelle il a été conçu.

La transparence, l'expérimentation de matériaux jusqu'alors inimaginables, la solidité, la mobilité, les dimensions, la taille variable … donnent une idée de ce que sont actuellement les tables (même si les concepts et les solutions que l'on peut proposer sont moins nombreux que pour d'autres meubles). Malgré cela, les tables comme les chaises comptent, grâce à leur indispensable utilité, parmi les éléments les plus prisés en décoration.

Tables basses, tables d'appoint, de séjour, de cuisine … Nombreuses sont les pièces qui ont besoin de ce meuble et les designs les plus novateurs ont réponse à tout.

La table rectangulaire est le prototype de la table de salon. La table ronde, en plus de rapprocher les convives, permet de gagner de l'espace. La table à rallonge permet quant à elle de résoudre plus d'un problème lorsqu'il y a beaucoup d'invités. Et les tables pliantes s'adaptent très bien aux petits espaces.

Dans le salon, dans un angle, à côté du canapé, dans la cuisine … les tables d'appoint sont très fonctionnelles. On peut poser dessus la télécommande, des lampes, des livres, des revues, un service de table pour un repas improvisé, le téléphone … Les tables d'appoint savent se rendre indispensables par leur côté extrêmement pratique et leur petite dimension. Polyvalentes, multifonctionnelles, elles sont capables de s'adapter à tous les espaces.

De grande dimension, pliable, à rallonge … les tables actuelles cherchent la plus grande rigueur, l'utilisation de nouveaux matériaux et une esthétique qui trouve son équilibre entre beauté et utilité.

Si hay algún elemento de mobiliario más simple que una silla ese es una mesa. Su uso no ha podido ser reemplazado por nada desde tiempos inmemoriales y sus formas, a pesar de pasar por las modas que los avances y la nuevas tendencias marcan, siguen siendo muy precisas: figuras geométricas de forzada estilización, aunque algunos diseñadores atrevidos y transgresores apuestan por diseñar piezas que están más cerca del arte que de la funcionalidad...

¿Tiene algún sentido concebir una mesa que pierda el principio básico de horizontalidad? Con total certeza la respuesta será, en la mayoría de los casos, no, puesto que estéticamente el elemento resultante puede ser muy bello, pero no servirá para desempeñar la función para la que ha sido creado.

La transparencia de algunas, la experimentación con materiales hasta ahora impensables, la solidez de otras, la movilidad, las dimensiones o la amplitud variable describen la trayectoria –posiblemente menos rica en concepción y soluciones que en otras piezas de mobiliario– de las mesas actuales. A pesar de ello siguen siendo, junto a la silla, uno de los elementos estrella en la decoración por su necesaria existencia.

Mesas de comedor, de centro, auxiliares, de cocina... numerosas estancias precisan de esta pieza básica y los diseños más novedosos tienen respuesta para todas las necesidades.

Las mesas rectangulares son la esencia de la mesa de comedor; las de contorno redondeado, además de potenciar la tertulia al estar los comensales más juntos, consiguen ahorrar espacio al poder situarse en cualquier rincón; las extensibles solucionan más de una necesidad cuando hay más invitados de la cuenta, y las plegables se adaptan a los espacios de dimensiones reducidas.

Junto al comedor, en un rincón, al lado del sofá, en la cocina... las mesas auxiliares están al servicio de la funcionalidad. Sostienen el mando a distancia, la lámpara, los libros, las revistas a medio hojear, acogen un servicio de mesa, una cena improvisada, el teléfono o permiten reposar los pies... son, sencillamente, imprescindibles por lo prácticas y por sus contenidas dimensiones. Polivalentes, multifuncionales y capaces de adaptarse a diferentes ambientes.

De grandes dimensiones, plegables, extensibles... la oferta de mesas en la actualidad busca el máximo rigor, el uso de materiales nuevos y la estética más equilibrada entre belleza y utilidad.

Dining Tables

**Esstische
Tables de salle à manger
Mesas de comedor**

■ *Design by Pop Solid Fabrication*

■ **Eterno** *by Joan Lao. Joan Lao Mobiliari*

■ **Kechu II** by John McDermott. Bola Design

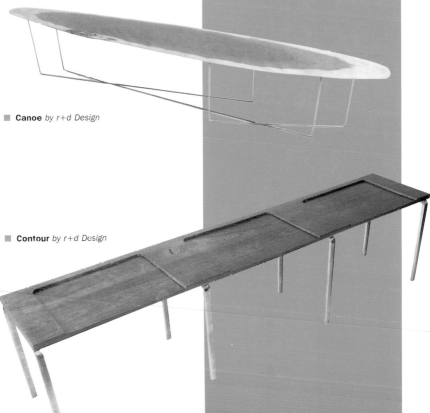

■ **Canoe** by r+d Design

■ **Contour** by r+d Design

■ **Bigfoot** *by E15 Design*

■ **Collezione Simplice** *by Antonio Citterio. Maxalto*

Imagination is put at the service
of functionality when it comes to
designing one of the most indispensable
of all pieces of furniture.

Funktionalität leitet die Vorstellungskraft
beim Entwerfen eines der unentbehrlichsten
Möbelstücke, das es gibt.

■ **Ash flat pack table** *by Red Plum Jam*

■ **Aaain** by Marcel Wanders. Moooi

■ **ErQu** by Kurt Erni. Team by Wellis

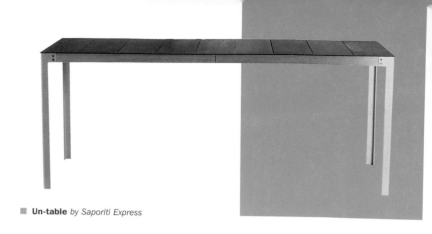

■ **Un-table** by Saporiti Express

■ **Freewazy** by Bartel & Gaffal. Mocca

■ **Abaco** by Lema

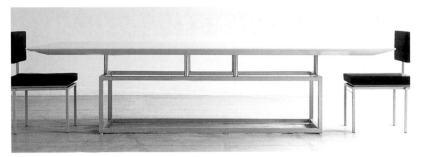

■ **Vernissage** by Rari. Alivar

■ **Lehni-Tisch** by Lehni

■ **Ex Calibur** by Rari. Dilmos

■ **18K** by Rari. Dilmos

■ **Led** *by Pinuccio Bagonovo. Former*

■ **Deneb** by *Jesús Gasca. Stua*

L'imagination est au service de
l'utilité quand il s'agit de
conceptualiser un élément
indispensable.

La imaginación se pone al servicio
de la funcionalidad a la hora de
diseñar uno de los elementos
de mobiliario más imprescindibles
que existen.

■ **Milano** by *Jesús Gasca. Stua*

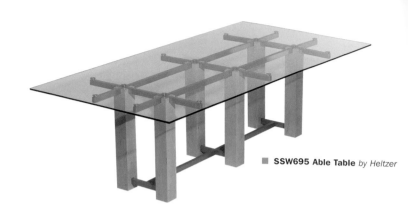

■ **SSW695 Able Table** *by Heltzer*

■ **Puro** *by Kristina Lassus. Zanotta*

■ **Mahon Table** *by Red Plum Jam*

■ **Milton** *by Selva & Mondelli. Arflex*

■ **Bone** *by Prospero Rasulo. BRF*

225

■ **Angiolo** *by Antonio Citterio. B&B Italia*

■ **Ypsilon** *by Enzo Mari. Magis*

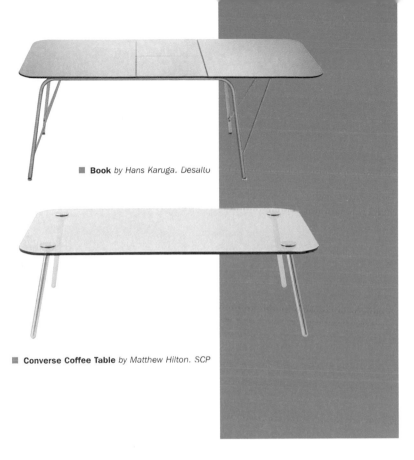

Book *by Hans Karuga. Desalto*

Converse Coffee Table *by Matthew Hilton. SCP*

Yes *by Gabriel Teixidó. Enea*

■ **HRB 700 Round Gallery Table** by Heltzer

■ **Kimo** by A. Brizzi & M. Bellomo. Dilmos

■ **Capicua** by Sergi & Óscar Devesa. Oken

■ **Alada** by Óscar Tusquets. Casas

■ **Unovale** by Dennis Santachiara. Domodinamica

■ **Brighella** by Lorenzo Arosio. Glas

■ **Gran Suffi** by Bertozzi & Dal Monte Casoni. Dilmos

■ **Qual Mazzolin di Fiori** by Bertozzi & Dal Monte Casoni. Dilmos

■ **TwoThreeFour** by Terence Woodgate. SCP (photo: James Merrell)

228

Saloon Tables

Wohnzimmertische
Tables de salon
Mesas de salón

■ **Palatable** *by 521 Design (photo: Nick Vaccaro)*

Berta by E15 Design

■ **Hollow Table** *by Chris Ferebee. 521 Design (photo: Nick Vaccaro)*

■ **Walnut Coffee Table** *by r+d Design*

■ **Z Table** *by Björn Dahlström. Zoltan*

■ *Design by Marcel Wanders. Moooi*

■ **Laberinto** *by Miguel Ángel Ciganda. Casas*

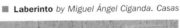

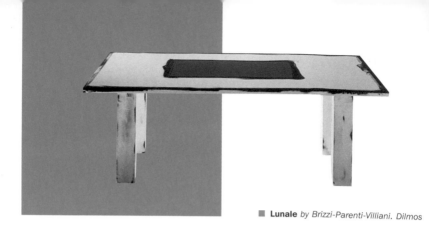

■ **Lunale** *by Brizzi-Parenti-Villiani. Dilmos*

■ **Rigature** *by Giovanni Zizzi. Valais*

Side tables – flexible, multi-purpose and capable of serving several settings – are irreplaceable elements due to their practicality and modest dimensions.

Polyvalent, multifunktional und in der Lage, sich in den verschiedensten Umgebungen anzupassen – Beistelltische sind unersätzlich im Hinblick auf ihre Nützlichkeit und Maße.

Polyvalentes, multi-fonctionnelles et capables d'arranger plus d'un espace, les tables d'appoint sont, pour leur utilité et leur petite taille, indispensables.

Polivalentes, multifuncionales y capaces de solucionar más de un ambiente, las mesas auxiliares son piezas insustituibles por su practicidad y sus contenidas dimensiones.

234

Teseo *by Lorenzo Arosio. Glas*

■ **Geometral** *by Nanda Vigo. Glas*

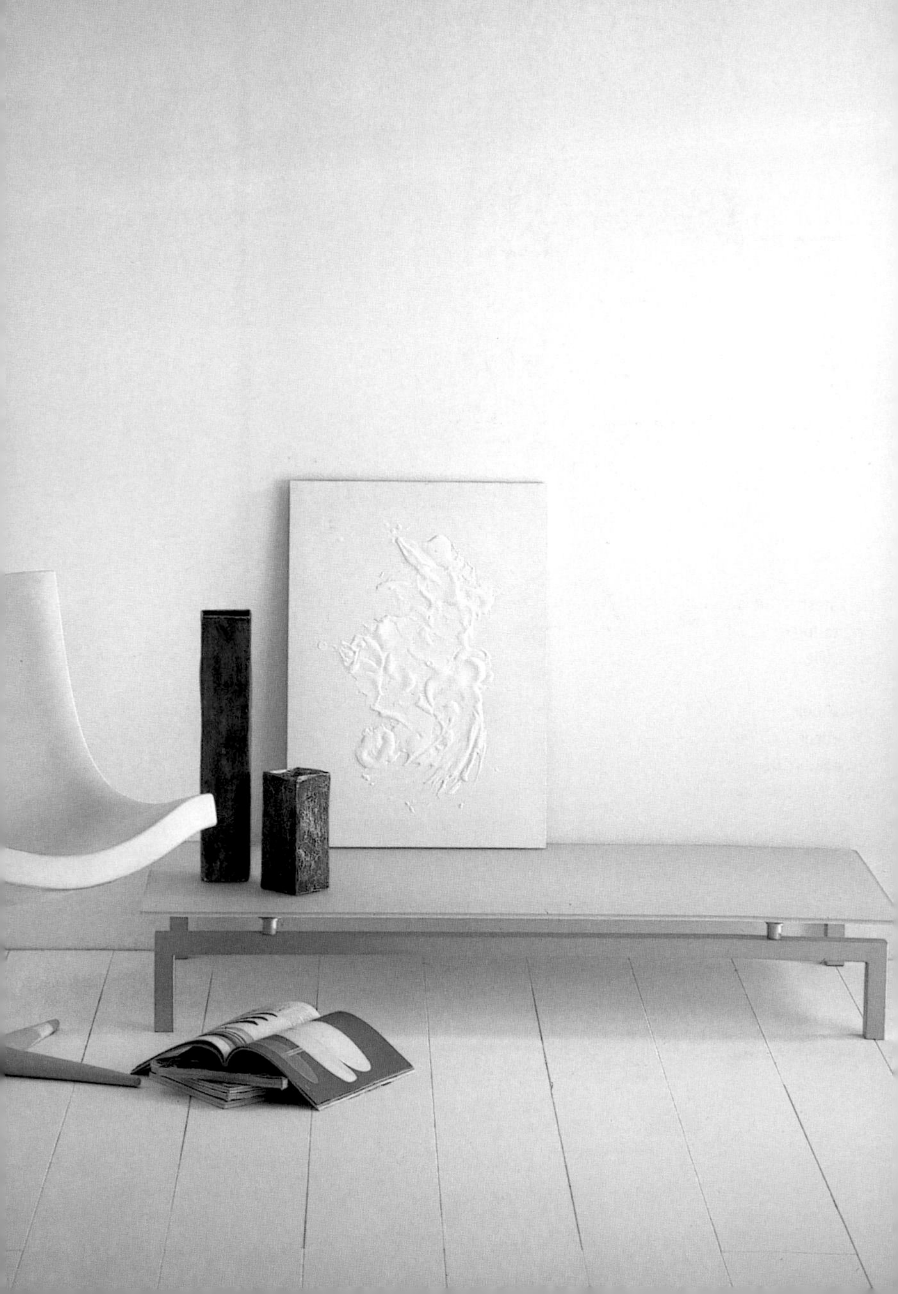

■ **Icaro** by Caronni Bonanomi. Desalto

The latest designs take advantage of new materials to forge an esthetic that balances beauty and utility.

Die aktuellsten Designs fördern die Verwendung neuartiger Materialien und potenzieren eine Ästhetik, in welcher sich Schönheit und Nützlichkeit die Balance halten.

Les designs actuels favorisent l'utilisation de nouveaux matériaux et une esthétique où s'harmonisent beauté et fonctionnalité.

Los diseños más actuales potencian el empleo de materiales novedosos y una estética en la que se equilibran belleza y utilidad.

■ **Smoke** by Marcel Wanders Studio

■ *Design by John McDermott. Bola Design*

■ **Aartvark** *by John McDermott. Bola Design*

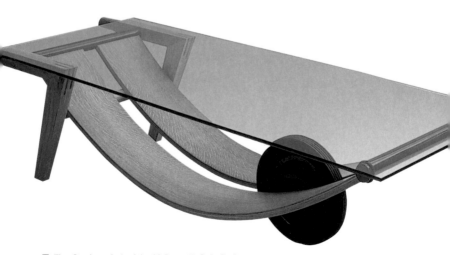

■ **The Gardener's** *by John McDermott. Bola Design*

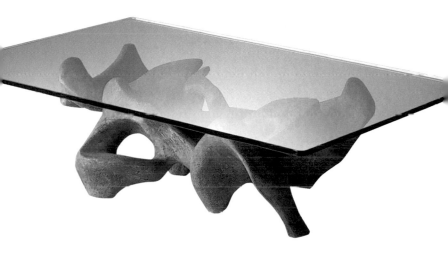

■ **Kamasutra** by Marisa Mauri. Glas

■ **Mesa Correas** by Jaume Tresserra.
Tresserra Collection

■ **Escarabajo** by Jaume Tresserra.
Tresserra Collection

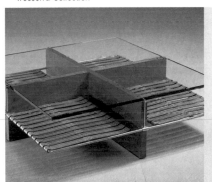

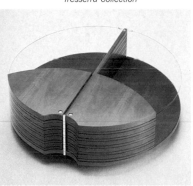

Auxiliar Tables

Beistelltische
Tables auxiliaires
Mesas auxiliares

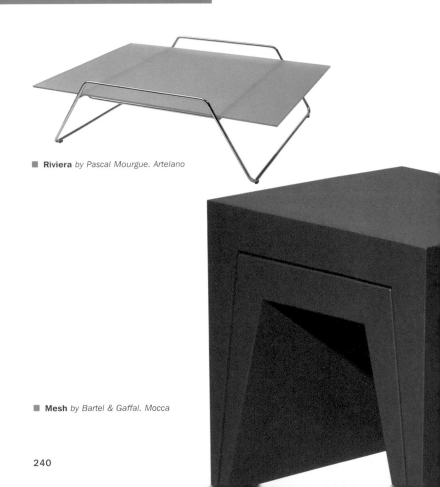

■ **Riviera** by Pascal Mourgue. Artelano

■ **Mesh** by Bartel & Gaffal. Mocca

■ **Ecologic** by Joan Lao. Joan Lao Mobiliari

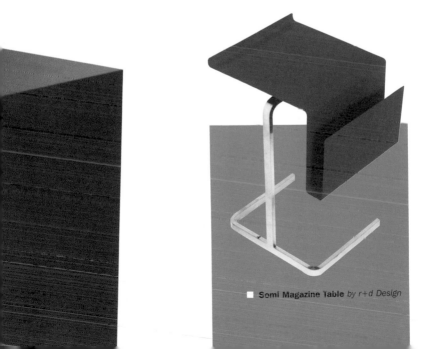

■ **Somi Magazine Table** by r+d Design

■ **Museum** *by Giacomo Passal. Andreu World*

■ **Beistelltisch** *by Marco Zaccheo. Wogg*

Side Table *by Red Plum Jam*

Odeón Elíptica *by Massana-Tremoleda.*
Mobles 114

Zebra *by r+d Design*

Design by Gabriella Montagui. Rexite

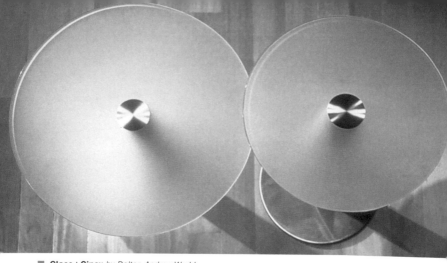

■ **Glass+Ginox** *by Dalter. Andreu World*

■ **Nus** *by Carlos Riart. Mobles 114*

■ **Mesa Punto** *by Josep Lluscà. Enea*

■ **Modi** *by Archstudio. Desalto*

■ **Zero** by Jesús Gasca. Stua

■ **Girino** by Denis Santachiara. Domodinamica

■ **Tempo** by Prospero Rasulo. Zanotta

■ **Boomerang** by Dragona & Zoran Miric. Pop Solid Fabrication

■ **Madstrom**. Valais

■ **Cerberino** by Maurizio Cattelan. Dilmos

■ **Trebol** by Óscar Tusquets. Casas

■ **Skinny** by Prospero Rasulo. Zanotta

■ **Moracafe** by Roberto Mora. Dilmos

■ **Eurasia** by Soichiro Kanbayashi. Dilmos

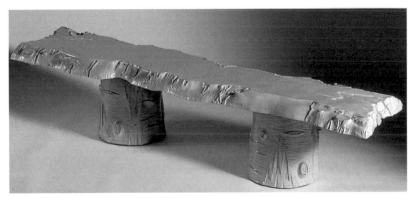

■ **Dafne – Panca** by Bertozzi & Dal Monte Casoni. Dilmos

■ **Karpousi** by Valais

■ **Zamaroli Fingerprint** by Valais

247

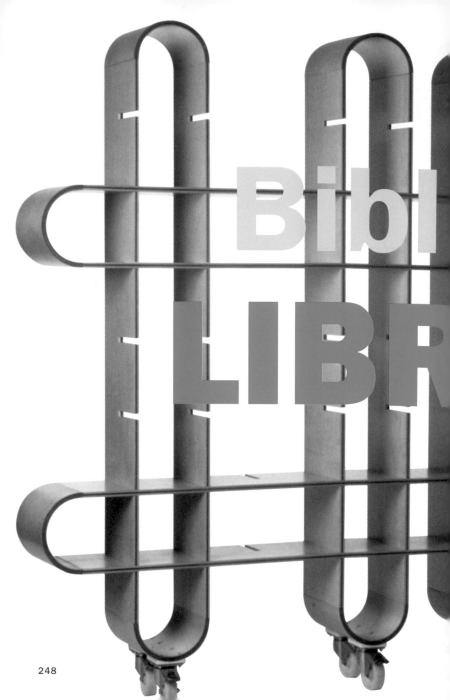

otheken

Bibliothèques

ARIES

Librerías

■ *Design by Jean-Marc Gady*

The concept of the bookcase has evolved over the ages and its design has adapted to fashion and to the different requirements demanded of it. Whereas in the past it was an elaborate piece of furniture finely crafted by a cabinet-maker, these days it has become a more discreet complement – sometimes small and not very deep – that can be used for other purposes apart from the storage of books.

However, books still undoubtedly play an important role. In most houses they tend to pile up and the rooms are not always sufficiently large to accommodate them all.

Some bookcases are designed to cover an entire (very erudite) wall, although there is also a trend to create elements that take up a minimum of space. All in all, there is a wide array of designs available and they all serve their basic purpose: a single shelf; a built-in unit; mini-shelves; individual pieces; impersonal frameworks with a simple structure that can be adjusted to precise dimensions and be fitted with doors, shelves or drawers as required; modular systems based on cubes that can be joined together, so that the bookcase can grow upwards or sideways to meet increasing demands for space; bookcases with castors that allow them to be moved around easily; traditional wall-to-wall "boiseries"; custom-made bookcases; ones with two sides; others made with bricks, or just a few loosely stacked shelves...

Just as the design possibilities are endless, so also are the materials that give them shape, from the traditional wood – suitably treated – to iron, alloys of aluminum with other materials, vegetal fiber, metal tubes, synthetic resin, polypropylene... The aims are durability and resistance – easily achieved by using the new materials and technologies developed in the manufacturing processes – married to exquisite formal beauty and a perfect resolution of the functional requirements. Bookcases and shelves cover a whole host of options, often unrelated to reading. Their flexibility and wide range of functions make them highly versatile elements; whether or not they are used to house books, they are proving more and more essential.

Das Konzept des Bücherschrankes oder Bücherregals hat im Verlauf seiner Entwicklung Moden und Anforderungen in sein Desgin integriert. Wenn die Kunsttischler früher große Erfolge mit sorgfältig bearbeiteten künstlerischen Möbelstücken verzeichnen konnten, so sind diese heute zu diskreten Tragelementen geworden – zuweilen knapp in Form und Profil – die nicht nur dem Buch die Hauptrolle überlassen.

Ohne Zweifel erfordert das Lesen Raum. In den meisten Häusern häufen sich die Bücher an und nicht immer sind die Wohnungen großzügig genug, um einen Platz zum Aufbewahren zu finden.

Es gibt Bücherschränke, die als Ablage von Wissenswertem für ganze Wände konzipiert sind, obwohl sich der Markt auch mit der Anfertigung von Elementen für engsten Raum beschäftigt. Ein einziges Regal oder eine Einheit mit unveränderbarer Struktur, Mini-Regale, Einzelstücke, unpersönlich wirkende Möbel, einfach strukturierte Elemente für vorgegebene Abmessungen, vorbereitet für die spätere Anbringung von Türen, Brettern oder Fächern nach Wunsch, modulare Systeme in Form von stapelbaren Würfeln, damit der Bücherschrank je nach Bedarf in die Höhe oder in die Breite wachsen kann, bewegliche Regale auf Rädern, die traditionellen "Boiseries" von Wand zu Wand, Bücherschränke nach Maß, von zwei Seiten zugänglich, aus Mauerwerk, lose Regale ... Es gibt eine große Vielfalt an Designs und alle erfüllen ihren Zweck.

Gibt es unzählige Möglichkeiten des Designs, so stehen genauso viele verschiedene Materialien zur Verfügung, angefangen beim traditionellen, entsprechend bearbeiteten Holz bis hin zu Eisen, Legierungen von Aluminium mit anderen Materialien, pflanzlichen Fasern, Metallrohren, synthetischen Harzen, Polypropylen ... Das Ziel ist Dauerhaftigkeit und Haltbarkeit – was dank der neuen Technologien der industriellen Prozesse und dieser neuen Materialien erreicht werden konnte – Eigenschaften, die mit exquisiter formaler Schönheit und perfekter funktioneller Entschiedenheit kombiniert sind. Bücherschränke und Regale decken unzählige Optionen ab, die häufig wenig mit Lektüre zu tun haben. Ihre Vielseitigkeit und funktionelle Verschiedenartigkeit hat sie in ein vielseitiges Element verwandelt. Mit oder ohne Bücher werden sie immer unentbehrlicher.

■ **R.T.W.** *by Ron Arad. Ron Arad Associates (photo: Guido Pedron)*

Le concept de la bibliothèque-étagère a évolué à travers différentes époques en adaptant son design aux modes et aux besoins. Si auparavant la bibliothèque était un meuble élaboré et artistique (les ébénistes accomplirent des prouesses), elle est aujourd'hui un support discret (parfois de taille et de silhouette très sommaires) où le livre n'est pas le seul protagoniste.

Une chose est sûre, les livres prennent de la place. Mais dans la plupart des maisons, on n'a pas toujours assez d'espace pour ranger ou pour garder tous les livres qu'on a accumulés.

Certaines bibliothèques ont été conçues comme un mur entier où l'on peut ranger son savoir, bien que le marché propose aussi des éléments qui occupent le moins d'espace possible. Une seule étagère ou une structure fixe, des mini étagères, des pièces individuelles, des meubles neutres, des éléments de structure simple auxquels on peut donner des dimensions précises ou ajouter autant que l'on veut des portes, des rayons, des tiroirs … Des ensembles de cubes que l'on peut empiler pour agrandir la bibliothèque en hauteur ou en largeur, selon les besoins ; sur mesure, avec deux faces, en briques apparentes, sur roues pour faciliter le déplacement, avec les traditionnelles boiseries allant d'un mur à l'autre, étagères solitaires … Les formes qu'adoptent ces designs sont diverses et toutes très efficaces.

Les possibilités sont aussi innombrables que les matériaux que l'on emploie : l'usage traditionnel du bois (convenablement rénové), mais aussi le fer, l'alliage de l'aluminium avec d'autres matériaux, les tubes en métal, la résine de synthèse, le polypropylène … Ces nouveaux matériaux ainsi que les nouvelles techniques d'industrialisation ont permis la création d'éléments solides et résistants au temps, à la fois parfaitement fonctionnels et d'une grande beauté formelle. Les bibliothèques et les étagères offrent un choix infini d'options, souvent étrangères à la lecture. Leur polyvalence et la diversité de leurs fonctions font d'elles un élément variable. Avec ou sans livres, elles sont chaque fois plus indispensables.

On Air by Lorenzo Arosio. Glas

El concepto librería-estantería ha evolucionado a lo largo de las diferentes épocas, adaptando las modas y las necesidades a su diseño. Si en la antigüedad era un elaborado y artístico mueble en el que la ebanistería consiguió grandes logros, hoy en día ha pasado a convertirse en un soporte discreto –a veces de volumen y perfil escueto– cuyo concepto permite que no sólo el libro sea el protagonista.

Sin lugar a dudas, el leer ocupa lugar. En la mayoría de las casas se acumulan libros y no siempre las dimensiones de la estancia son generosas ni hay espacio para guardarlos.

Algunas librerías están preparadas para convertirse en toda una pared en la que acumular conocimiento, aunque el mercado se ha ocupado también de crear elementos que empleen el mínimo espacio. Un solo estante o un conjunto de estructura fija, miniestanterías, piezas individuales, muebles que acostumbran a ser impersonales, elementos de estructura simple con los que es posible crear las dimensiones precisas y a los que se puede añadir puertas, estantes o cajones a voluntad, sistemas modulares a base de cubos apilables que permiten que la librería pueda crecer hacia arriba o hacia un lado a medida que aumenten las necesidades, muebles-librería con ruedas para facilitar su traslado, las tradicionales "boiseries" de pared a pared, librerías a medidas, de dos caras, de obra, estantes sueltos... las formas que estos diseños pueden adoptar son diversas y todas ellas, eficaces.

Las posibilidades son innumerables, igual que los materiales con los que se les da forma, desde la tradicional madera –convenientemente renovada– hasta el hierro, las aleaciones de aluminio con otros materiales, la médula, el tubo de metal, la resina de síntesis, el polipropileno... El objetivo es durabilidad y resistencia –conseguidos gracias a las nuevas tecnologías en los procesos industriales y a estos nuevos materiales–, características que se tamizan con una exquisita belleza formal y una perfecta resolución funcional. Las librerías y estanterías cubren un sinfín de opciones, muchas veces ajenas a la lectura. Su polivalencia y diversidad de funciones las convierte en un elemento versátil. Con o sin libros resultan cada vez más imprescindibles.

■ *Design by Matthew Hilton. SCP ltd.*

Bookshelves were once elaborate pieces of
furniture skillfully crafted by cabinetmakers.
Nowadays they come in many different models
and are not only used to display books.

Die Bibliotheken früherer Zeiten waren
künstlerische Werke der Möbeltischlerei. Heute
haben sie sich in Elemente unterschiedlichen
Profils verwandelt, die nicht alleine das Buch
in den Mittelpunkt stellen.

■ **Tomotre** *by Roberto Mora. Dilmos*

■ **Bebop** *by Bartoli Design. Kristalia*

Les anciennes bibliothèques étaient des pièces d'ebénesterie élaborées et artistiques. Aujourd'hui, on trouve des éléments différents les uns des autres, où le livre n'est jamais l'unique protagoniste.

Las antiguas librerías eran elaboradas y artísticas piezas de ebanistería. Hoy se han convertido en elementos de variado perfil cuyo concepto permite que no sólo el libro sea el protagonista.

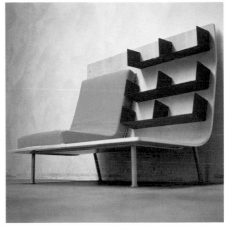

■ *Design by Pascal Tarabay*

■ **Arco** *by C. Casati. Saporiti Italia*

■ **Hive** by Chris Ferebee. 521 Design (photo: Nick Vaccaro)

■ **Screen** by Antonello Mosca. Giorgetti

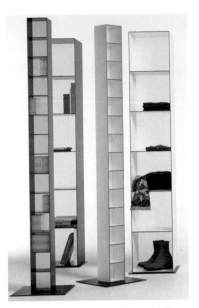

■ **Regaltrum** by Christophe Marchand. Wogg

■ **T99** by Estudi de disseny Blanc. Tramo

■ **Arkytectura** by Estudi de disseny Blanc. Tramo

261

■ **Cross** *by Saporiti Italia*

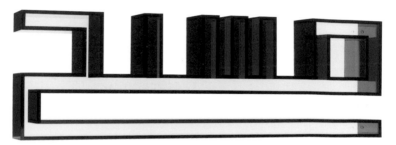

■ **Messias** *by Planett*

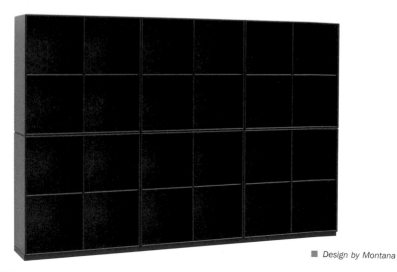

■ *Design by Montana*

■ **Berthier** by Marc Berthier. Magis

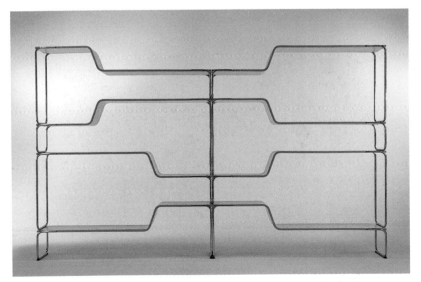

■ **Loop** by Biagio Cisotti & Sandra Laube. BFR

■ **Bookcase 30020** *by Marktex*

■ **Bookshelves 3671/72** *by Marktex*

■ **Selecta** *by Lema*

■ **Modulo** *by Doc Mobili*

■ *Design by Doc Mobili*

■ **Eterno** *by Joan Lao. Joan Lao Mobiliari*

■ **Gea** *by Joan Lao. Joan Lao Mobiliari*

■ **Mood** *by Daniele Lo Scalzo Moscheri. Mobi IGirgi*

■ **Plinto** *by Pinuccio Borgonovo. Former*

■ **Prólogo** *by Jaume Tresserra. Tresserra Collection*

■ **Achille** *by Carlo Colombo. Ycami*

Marciana by H. Cazzaro & F. Zocchin, Glas

■ **Not** *by Planett*

■ *Design by Glas*

■ **Shelf-Service** *by Rari. Alivar*

■ **Contrapunto** *by Jaume Tresserra. Tresserra Collection*

■ **All** *by Emmebi*

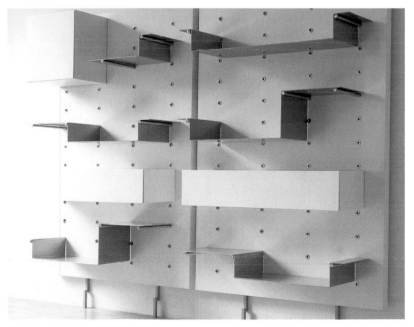

■ **Folding** *by Roberto Semprini, Alivar*

■ **Marcelo** *by Massana-Tremoleda. Mobles 114*

This element can take on various forms, all of them equally efficient. In this way, with even a small amount of space available it is always possible to take advantage of an "empty" wall.

Dieses Element kann unterschiedliche Formen annehmen, die alle gleich zweckmäßig sind. Auch wenn nur wenig Raum zur Verfügung steht, ist es immer möglich, auf diese Weise eine "leere" Wand zu nutzen.

■ **Portic** *by Estudi de disseny Blanc. Tramo*

Cet élément pout prendre différentes formes, toutes aussi efficaces les unes que les autres. Ainsi, même si on dispose de peu d'espace, il est toujours possible de profiter d'un mur " vide ".

Este elemento puede adoptar formas diversas todas ellas igual de eficaces. De ese modo, por poco espacio disponible que exista siempre es posible aprovechar una pared "vacía".

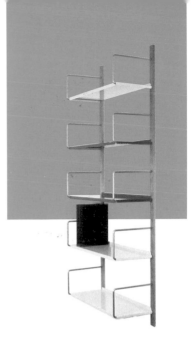

■ **Croquet** *by Michael Marriot*

■ **Lubecca** *by Enzo Mari. Mobles 114*

273

■ **Vavolville** *by Maurizio Duranti. Glas*

■ **Mensola** *by Estudi de disseny Blanc. Tramo*

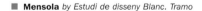

The technological advances in industrial processes and new materials have made it possible to create resistant and long-lasting pieces shrouded in exquisite formal beauty.

Der Fortschritt der industriellen Produktion und die neuartigen Materialien haben es erlaubt, haltbare Möbel zu gestalten, die sich hinter einer exquisiten formalen Schönheit verbergen.

■ **City Bureau** *by Rud Thygesen & Johny Sorensen Erik Boisen (photo: Brahl Fotografi)*

Le progrès technologique des processus industriels et les nouveaux matériaux ont permis de mettre au point des meubles solides et beaux à la fois.

Los avances tecnológicos en los procesos industriales y los nuevos materiales han permitido crear piezas resistentes y duraderas camufladas bajo una exquisita belleza formal.

■ **Light-Light** *by Nanda Vigo. Glas*

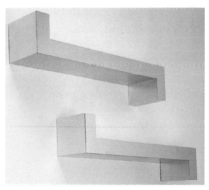

■ **Segno** *by Roberto Mora. Dilmos*

Bum-Bum by Teresa Sepulcre. Tes

wahrung
ngements
RAGE
acenaje

The container, like the table, chair and bed, is one of the basic structures in furniture. Its roots can be traced back to the traditional medieval chest, which even then served a large number of uses.

The most rudimentary container is the trunk, which was originally made out of wood; over time, its lid came to be fixed with hinges. Ever more ingenious techniques gradually gave rise to new models which, nevertheless, retained the essential characteristics of early containers, despite the addition of doors, drawers, etc.

A wide array of solutions have emerged to foster the creation of numerous pieces of furniture that serve as containers, such as the secretaire, the sideboard and the closet: the elements capable of keeping all parts of a house shipshape are innumerable, and their possible combinations are infinite.

The traditional closet has lost its monopoly over domestic storage and for several years now it has shared the arduous task of maintaining order with other pieces – lighter, portable, eye-catching, attractive, basic and practical – that help to ensure that everything stays in its place.

Keeping order is as important as the selection of the furniture itself. The wide range of choices includes free-standing elements – such as the sideboard, the traditional stand-by for sitting rooms and kitchens – and modular assemblages, which permit any number of combinations of shelves, baskets, drawers, etc.

The ideal solution consists of elements that fit into any setting and provide a nook for everything that needs a place of its own. Storage is not incompatible with elegance, and so designers have set about creating pieces that, without sacrificing any of their practical functions, are highly striking and attractive. A few bold and pleasing lines can provide the basis for a highly flexible, multi-purpose piece of furniture whose main function is to store its contents in an orderly fashion.

The most recent designs tend to offer attractive pieces that take advantage of new materials, with simple lines but a strong visual impact.

Organization is an art form in itself. If you want to be able to find all your possessions in the right place when you need them, the essential prerequisite is a container capable of storing them efficiently.

Container *by Roberto Mora. Dilmos*

Der Behälter zur Aufbewahrung von Gegenständen gehört genauso wie Tisch, Stuhl oder Bett zum Grundmobiliar. Bereits in der Antike vielseitig verwendet, bildet er den Ursprung der traditionellen Truhe bzw. des mittelalterlichen Kastens.

Der einfachste Behälter ist der Koffer, der anfangs aus Holz hergestellt wurde. Im Laufe der Zeit wurde der Deckel mit Scharnieren und Gelenken befestigt. Nach und nach kamen neue Teile hinzu, wie z. B. Türen, Schubfächer etc., die aber das Wesen der grundsätzlichen Merkmale der ersten Behälter nicht veränderten.

Eine bunte Palette verschiedener Entwürfe ließ vielfältige Behälter-Möbel entstehen, darunter den Sekretär, die Anrichte, den Schrank ... unendlich viele Kombinationen mit zahlreichen Elementen, die in jedem Zimmer des Hauses für Ordnung sorgen.

Der traditionelle Schrank hat sein Monopol für das Aufbewahren von Gegenständen verloren und teilt schon lange die schwierige Aufgabe des Ordnungshaltens mit leichteren, beweglicheren, diskreten, sympathischen, einfachen und praktischen Einrichtungen, die dazu beitragen, dass alles am Platz ist.

Ordnung ist ebenso wichtig wie die Auswahl des Mobiliars selbst. Unter den breitgefächerten Optionen kann man sich für ein unabhängiges Element entscheiden, z. B. für die Anrichte – ein traditionelles Basisstück der Einrichtung von Räumen wie Wohn- oder Esszimmer – oder für eine modulare Zusammenstellung mit vielfältigen Kombinationsmöglichkeiten aus: Regalen, Körben, Fächern ...

Diese Elemente lassen sich in jedes Umfeld integrieren und haben für jeden Gegenstand seinen Platz. Das Aufbewahren von Dingen liegt nicht im Widerstreit mit der Schönheit; die Designer bemühen sich daher um die Konzeption effektiver, attraktiver und vor allem praktischer Einrichtungen: Klar definierte Entwürfe mit gefälliger Ästhetik, die einem multifunktionellen und vielseitigen Möbelstück Form geben, dessen vorrangige Aufgabe es ist, alles ordentlich aufzubewahren.

Die jüngsten Angebote präsentieren eine Einfachheit der Linien, Möbel mit Charakter und gefälliger Ästhetik, die auf der Grundlage neuer Materialien konzipiert wurden.

Organisation ist eine Kunst für sich. Wenn jeder Gegenstand seinen Platz hat, sollte das eine Garantie dafür sein, dass im Bedarfsfall alles zu finden ist.

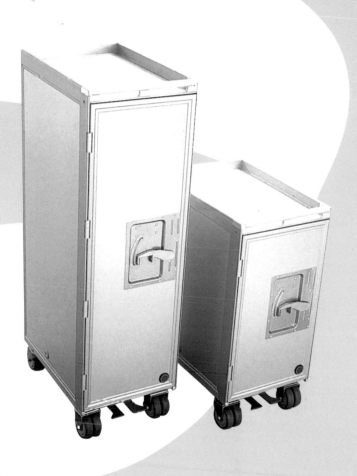

La boîte, tout comme la table, la chaise ou le lit, est un élément essentiel. Elle servait déjà à de multiples usages dans l'Antiquité, et a donné naissance par la suite au traditionnel coffre médiéval.

La boîte de rangement la plus basique est la malle. Elle était initialement construite en bois. Puis, on a commencé à fixer le couvercle avec des gons et des charnières. Au fil du temps, l'ingéniosité permit de mettre au point de nouveaux modèles ayant les mêmes caractéristiques que les premiers, mais auxquels on avait ajouté des portes, des tiroirs etc.

Les inventions les plus célèbres proposent des meubles d'aspect très différent les uns des autres : le secrétaire, le buffet, l'armoire … Les combinaisons sont infinies, mais chaque fois le meuble propose un espace de rangement facile à intégrer dans n'importe quelle pièce de la maison.

L'armoire traditionnelle a perdu le monopole du rangement domestique. Depuis longtemps elle partage cette difficile fonction avec d'autres meubles. Ces derniers sont à la fois discrets, sympathiques, basiques, pratiques … Mais surtout, ils sont plus légers et donc transportables. On peut grâce à eux ranger chaque chose à sa place.

Pour ordonner son espace, il faut choisir soi-même ses meubles. Devant le large éventail de choix qui s'offre à nous, on peut opter pour un élément indépendant (le buffet par exemple ; meuble qui traditionnellement caractérise le séjour et la salle à manger) ou bien pour un ensemble d'éléments mobiles combinables entre eux de différentes façons (étagères, paniers, tiroirs …).

Nous avons là des meubles qui s'intègrent à n'importe quel espace, et qui permettent de tout pouvoir ranger à sa place. Du reste, ces meubles ne sont pas privés de beauté étant donné que les stylistes les conçoivent pour qu'ils soient pratiques tout autant qu'agréables à l'œil. Des lignes bien définies donc, et une certaine esthétique, pour un meuble polyvalent dont la principale fonction est le rangement. Les meubles les plus récents associent lignes simples, caractère, esthétisme et nouveaux matériaux.

S'organiser, c'est tout un art. Et ranger chaque chose à sa place, c'est s'assurer de pouvoir retrouver ce dont on a besoin quand on veut.

Stone Circle

El contenedor, al igual que la mesa, la silla o la cama, es una de las estructuras mobiliarias básicas. El origen de este elemento se encuentra en la tradicional arca o arcón medievales, piezas que ofrecían ya en la antigüedad una gran multiplicidad de uso.

El contenedor más elemental es el baúl, que en un principio se hacía de madera. Con el tiempo, la cubierta superior empezó a sujetarse con bisagras y goznes... Poco a poco el ingenio ha permitido concebir nuevas piezas que mantienen en esencia las características básicas de los primeros contenedores, a las que se ha añadido puertas, cajones...

Las propuestas surgidas son variopintas y han dado pie a múltiples muebles contenedores, como el secreter, el aparador, el armario... las combinaciones son numerosas, al igual que los elementos capaces de asegurar el orden en cualquier estancia de la casa.

El armario tradicional ha perdido el monopolio del almacenaje doméstico y comparte desde hace tiempo la dura tarea del orden con otras piezas más ligeras, transportables, discretas, simpáticas, básicas y prácticas.

Mantener el orden es tan importante como la propia elección del mobiliario. Entre el amplio abanico de opciones es posible elegir un elemento independiente, un aparador –uno de los muebles tradicionalmente elementales dentro de las piezas que conforman estancias como el salón o el comedor– o una composición modular que permite efectuar múltiples combinaciones de estanterías, cestas, cajones...

Se trata de elementos que se integran en cualquier ambiente y consiguen dibujar un lugar para cada cosa. El almacenaje no está reñido con la belleza, por lo que los diseñadores apuestan por concebir piezas efectistas, atractivas y enormemente prácticas. Diseños de trazos bien definidos y de estética agradable que permiten dar forma a un mueble multifuncional y altamente polivalente cuyo papel principal es guardarlo todo de forma ordenada.

Las propuestas más recientes hablan de simplicidad de líneas, muebles con carácter y estética atractiva, concebidos sobre la base de los nuevos materiales.

La organización es todo un arte. Tener un sitio para cada cosa constituye una buena forma de garantizar que cada objeto estará en su lugar cuando se necesite.

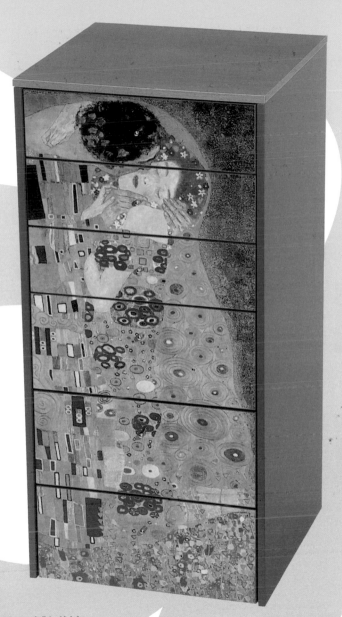

Klimt "Il boccio" by *Valais*

■ *Design by Imat*

■ **Atlante** *by Estudio Kairos. B&B Italia*

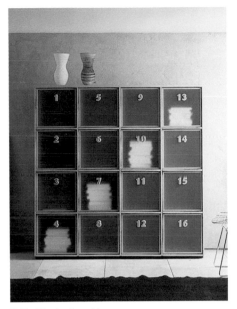

The latest designs are characterized by a refined style which not only contributes to keeping everything in its place but also fits into different kinds of settings.

Die modernen Designs werden durch klare Linien definiert, die sich in jedes Ambiente integrieren lassen und zugleich dafür sorgen, dass alles seinen Platz hat.

Les nouveaux designs se définissent par un style épuré, qui s'intègre à n'importe quel d'espace, et qui permet en même temps de tout pouvoir ranger à sa place.

Los nuevos diseños se definen por disponer de una imagen depurada que se integra en todo tipo de ambientes a la vez que contribuye a que todo esté en su sitio.

■ **ToolBox** by Emmebi

■ **Blob** by Cisott-Laube, BRF

■ **Rollerbox** by Emmebi

The traditional closet has lost its monopoly over storage and now shares the task of guaranteeing order with other equally effective elements.

Der traditionelle Schrank hat sein Monopol verloren und teilt nun seine Funktion mit anderen, genauso nützlichen Elementen, die es übernehmen, für Ordnung zu sorgen.

■ *Design by Marktex*

L'armoire traditionnelle a perdu le monopole du rangement et partage cette fonction avec d'autres éléments aussi efficaces qu'elle.

El armario tradicional ha perdido el monopolio del almacenaje y comparte protagonismo con otros elementos igual de eficaces que se encargan de garantizar el orden.

■ **Container colour** *by Kurt Erni. Team by Wellis*

■ Design by Chris Ferebee.
521 Design (photo: Nick Vaccaro)

■ **Ellipse Tower** by Renny Mosimann. Wogg

289

■ **Alaska** by Rari. Dilmos

■ Design by Woog

■ **Selecto** by Joan Lao. Joan Lao Mobiliario

■ *Design by Grupo T-Diffusion*

■ **Magnetique 2** *by Clara Asten. Nils Holger Moormann Möbel Producktion*

■ *Design by Lema*

■ **Roll** *by Piero Lissoni. Porro*

■ **Giotto** *by Team Design Bellato. Bellato (photo: Andrea Pitari)*

■ **Elliot** *by Emmebi*

■ **Baba a 9 cassetti** *by Massimo Scolari. Giorgetti*

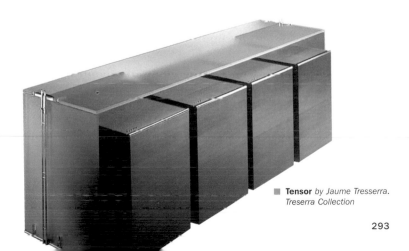

■ **Tensor** *by Jaume Tresserra. Tresserra Collection*

293

■ **Seven** by Massimo Scolari. Giorgetti

■ **Maxima BD15 containers** by Bartoli Design

■ Design by Arlex

■ **Lunaria** by Prospero Rasulo. BRF

Design by Lema

Bordura by L. Bertoncini. Bellato (photo: Andrea Pitori)

■ **Changes** by Joan Lao. Joan Lao Mobiliario   ■ Design by Joan Lao. Joan Lao Mobiliari

■ **Be-boop** by Gruppo Doimo

■ *Design by Marktex*

■ *Design by Joan Lao. Joan Lao Mobiliari*

■ *Design by Joan Lao. Joan Lao Mobiliari*

■ **Logic** by Joan Lao. Joan Lao Mobiliari

■ **KBS 740 Kubis High Chest**
by Heltzer

■ **Do It** by Viccarbe. Viccarbe

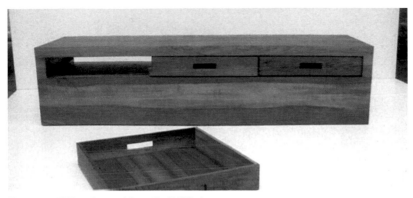

■ **Aarau** by Philippe Cramer (photo: David Willen)

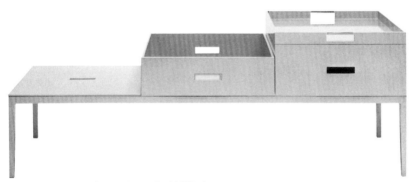

■ Design by Philippe Cramer (photo: David Willen)

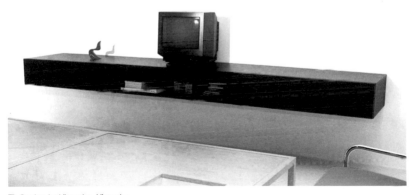

■ Design by Viccarbe. Viccarbe

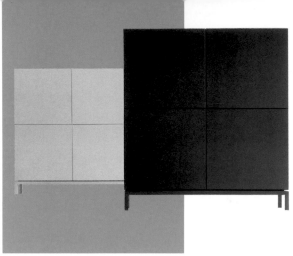

■ **Container** by Rari. Alivar

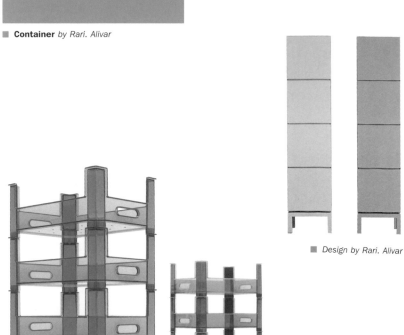

■ Design by Rari. Alivar

■ **Tuttifrutti** by Stefano Giovannoni. Magis

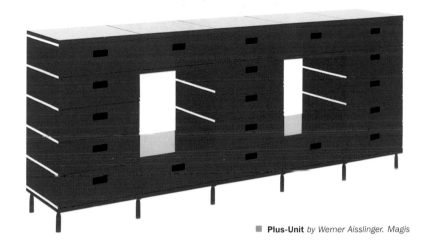

Plus-Unit *by Werner Aisslinger. Magis*

Juggle *by For Use & Sergio Suchomel. Magis*

■ **Sussex** *by Terence Woodgate. Punt Mobles*

■ **Home** *by Terence Woodgate. Punt Mobles*

■ **Chest** *by Red Plum Jam*

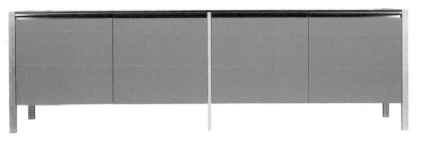

■ *Design by Do+Ce*

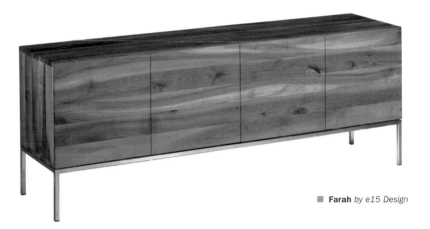

■ **Farah** *by e15 Design*

■ **Sideboard** *by Benny Mosimann. Wogg*

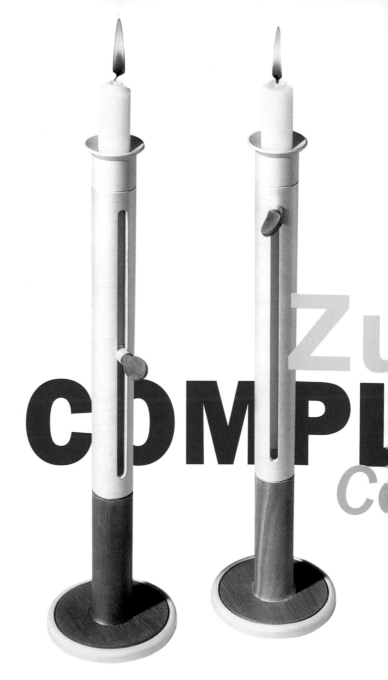

Accessoires
behör
EMENTS
mplementos

If a house is, in the words of Le Corbusier, "a machine for living in", then it is undoubtedly the case that its interiors must be welcoming spaces in which the occupants feel at ease. While the most fundamental pieces of furniture are intended to guarantee basic needs, their complements not only serve practical functions but can also endow a home with a highly distinctive character.

Complements are the elements with the most life of their own: they provide a personal touch and ensure that every room looks different. They are permitted a dose of intrepid craziness that is forbidden to other more basic pieces of furniture.

Rugs, auxiliary pieces of furniture, jugs, chests, table centerpieces, wall clocks, poufs, coat stands, mirrors: although these can all wait their turn to be bought, as they are not essential when a home is first being furnished, they must not be overlooked, and over time they can take on a vital importance.

It is our complements that make us stand out from our neighbors. Anything goes: this is the watchword that best defines the designs for complements in the new millenium. An infinite array of startlingly original and visually exciting pieces are now available; we have only to take the plunge and then we can add a splash of color and craziness to each of our rooms. Complements may be flights of fancy, but they can still prove useful; all these accessories, if they are original and fit into their surroundings without any problem, can also satisfy basic criteria of utility and functionality. There is a whole host of solutions on offer, with something for every taste and requirement. As they are not strictly essential items, but depend on personal whims, there is an enormous freedom of choice. Similarly, designers also have the freedom to let their ideas run riot and can draw on a motley range of themes and styles: Oriental spirituality and calm; the striking explosions of colour of Pop Art; lines answering to a strict rationalism; the expressive restraint of Minimalism; the exuberance of Baroque... Anything is possible – and anything can be exploited as a source of inspiration.

Versatility is the word that best defines complements, and their adaptability is their chief virtue.

The design of complements permits enormous freedom of creation, as even the most outrageous forms are acceptable in this field and can co-exist in perfect harmony with simple elements of great formal austerity.

Speccio di Proust *by Alessandro Mendini. Glas*

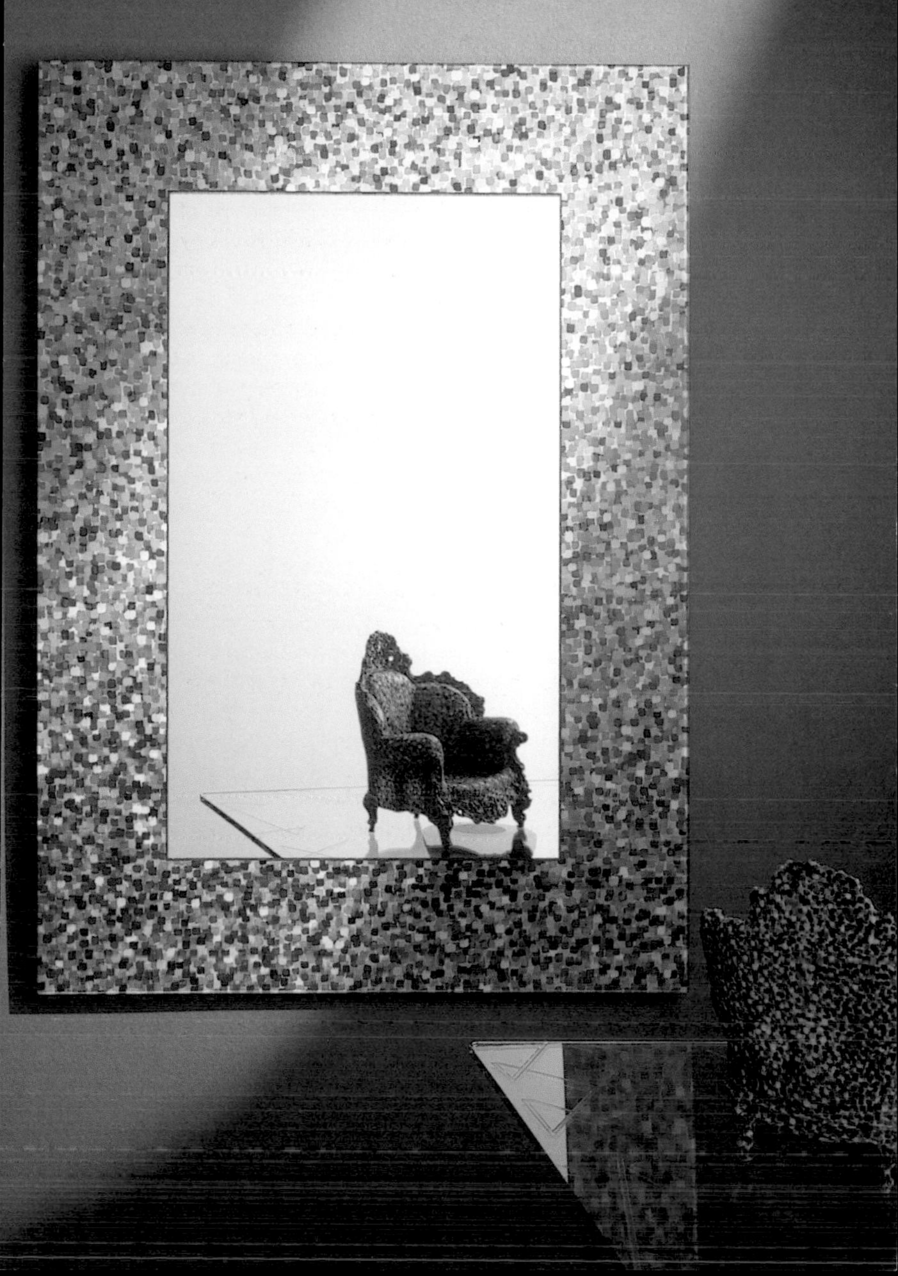

Wenn das Haus für Le Corbusier "eine Wohnmaschine" war, so steht es außer Zweifel, dass die Innenräume gemütliche Räumlichkeiten sein mussten, in denen sich die Bewohner wohl fühlten. Wenn elementarstes Mobiliar die grundsätzlichen Bedürfnisse deckt, so übernimmt das Zubehör außer einigen praktischen Aufgaben die persönliche Gestaltung einer Wohnung.

Diese Elemente mit gewichtigerem Eigencharakter setzen die persönlichen Akzente und verleihen so jedem Raum eine besondere Note. Hier wird ein Hauch von Extravaganz und Kühnheit geduldet, der dem Basismobiliar nicht zugestanden wird.

Teppiche, Beistellmöbel, Krüge, Kästchen, Tischschmuck, Wanduhren, Sitzkissen, Garderoben, Spiegel … können zwar warten, weil sie bei der Anschaffung des Mobiliars nicht vorrangig sind, man darf sie jedoch nicht vergessen, denn häufig werden sie mit der Zeit unentbehrlich.

Gerade das Zubehör schafft den Unterschied. Hier ist alles erlaubt. Dieses Motto definiert die Designs des neuen Jahrtausends am besten. Der Markt ist überschwemmt von Angeboten, die durch Originalität und Ästhetik überraschen. Man muss sich mutig zu ihnen bekennen, um ein Flair von Extravaganz und Farbe in jede Umgebung zu holen. Die Accessoires, diese nützlichen Launen, die sich originell und problemlos in die Umgebung einpassen, geben jeder Ecke eine persönliche Note und erfüllen gleichzeitig die Grundanforderungen von Gebrauchstüchtigkeit und Funktionalität. Es gibt verschiedenartigste Angebote für jeden Geschmack und jeden Bedarf. Die Entscheidung, an welchem Ort was am besten zur Geltung kommt, unterliegt der freien Wahl. Eine Freiheit, die auch auf die äußere Erscheinungsform Einfluss nimmt und durch die verschiedenartigsten Umgebungen, Tendenzen und Themen inspiriert wird: die orientalische Spiritualität und Gelassenheit, die radikale Farbenexplosion des Pop, rationalistische Linien, die ausdrucksstarke Zurückhaltung des Minimalismus, die Üppigkeit des Barock … alles ist möglich und alles ist Quelle der Inspiration.

Unbeständigkeit ist die treffendste Definition dieser Elemente und Vielseitigkeit ihre Tugend.

Beim Design dieser Zubehörteile herrscht große kreative Freiheit, da ausgefallene Formen auf diesem Gebiet größere Anerkennung finden. Ausdrucksstarke Entwürfe harmonieren mit einfachen Elementen großer formeller Strenge.

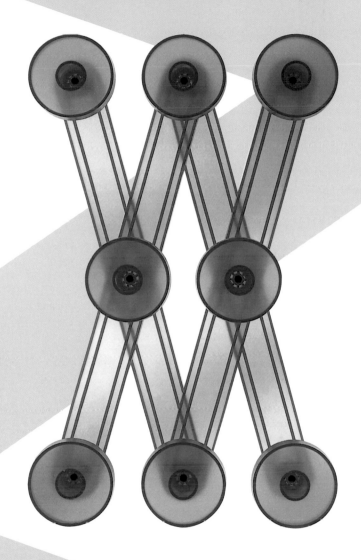

Si comme le dit Le Corbusier la maison est « une machine à habiter », alors les espaces intérieurs doivent être agréables pour que l'occupant s'y sente bien. Tandis que les meubles répondent aux besoins les plus élémentaires, les accessoires se chargent quant à eux de faciliter certaines tâches mais aussi et surtout de personnaliser la demeure.

Les accessoires ont souvent beaucoup de caractère et apportent à chaque pièce une touche personnelle. Contrairement à d'autres meubles plus basiques, ils peuvent se permettre d'être complètement loufoques. Tapis, meubles d'appoint, tables basses, vases, boîtes, horloges, poufs, porte-manteaux, miroirs ... même-si on peut s'en passer au début, ils deviennent par la suite indispensables et l'on ne doit pas négliger leur importance lors de l'ameublement.

Avec les accessoires, tout est permis car ce sont qui nous différencient des autres. Telle est la règle que suit le design du nouveau millénaire. On trouve sur le marché un nombre infini de propositions qui surprennent tant par leur originalité que par leur richesse esthétique. Il faut savoir miser sur les accessoires pour donner à chaque espace sa pointe de folie et de couleur. S'ils sont originaux et s'intègrent sans difficulté à l'espace, ils permettent alors de personnaliser n'importe quel lieu tout en étant utiles. Ce sont peut-être des caprices, mais ils en valent la peine.

Les choix sont multiples et s'adaptent à tous les goûts et besoins. Chacun voit dans l'accessoire la propre utilité qu'il veut en faire. Une liberté de choix existe que l'on retrouve dans la variété de thèmes et de tendances dont s'inspire le design : la spiritualité et le calme oriental, l'agressive explosion chromatique du pop, les lignes plus rationnelles, la tension expressive du minimalisme, l'exubérance du baroque ... Tout est source d'inspiration, tout devient possible. Le changement et la polyvalence sont donc les grandes caractéristiques de l'accessoire.

Étant donné que l'on peut accepter les formes capricieuses, le design jouit dans ce domaine d'une grande liberté de création. Les accessoires sont d'une grande expressivité et s'harmonisent parfaitement avec les éléments plus simples ou d'une grande austérité formelle.

■ **Play-Station** by Jerszey Seymour. BRF

Si la casa era para Le Corbusier "una máquina para vivir en ella", no cabe duda de que los interiores de esta han de ser espacios acogedores en los que quienes los habitan se sientan bien. Si las piezas más elementales de mobiliario se encargan de garantizar las necesidades básicas, los complementos, además de facilitar algunas tareas, son los que permiten personalizar al máximo una vivienda.

Su función consiste en dar el toque personal, son los elementos con más carácter, los que conseguirán que cada estancia sea diferente. Permiten el punto de locura y atrevimiento que no se concede a otras piezas más fundamentales del mobiliario.

Alfombras, muebles auxiliares, jarrones, cajas, centros de mesa, relojes de pared, pufs, percheros, espejos... aunque pueden esperar, ya que no son primordiales cuando empieza a adquirirse el mobiliario de un espacio, no deben olvidarse y, a la larga, se convierten en imprescindibles.

Son los complementos los que nos diferencian de los demás. Con ellos todo está permitido. Esta es la consigna que mejor define los diseños del nuevo milenio. En el mercado se encuentran un sinfín de propuestas que sorprenden por su originalidad y riqueza estética. Hay que atreverse con ellos para dar ese punto de locura y color a cada uno de los ambientes. Son caprichos útiles. Todos estos accesorios, si son originales y se adaptan sin dificultades al ambiente, personalizan cualquier rincón, a la vez que cumplen con unos requisitos básicos de uso y funcionalidad. Existen propuestas diversas para todos los gustos y todas las necesidades. Decidir dónde serán más eficaces depende de la libertad de elección. Una libertad que también tiñe sus rasgos externos y recoge su esencia de los más diversos ámbitos, tendencias y temas: la espiritualidad y el sosiego oriental, la rabiosa explosión cromática del pop, las líneas más racionalistas, la contención expresiva del minimalismo, la exuberancia del barroco... todo es posible y todo es fuente de inspiración.

Versatilidad es la palabra que mejor los define y polivalencia, su virtud.

El diseño de los complementos goza de una gran libertad de creación, ya que las formas caprichosas tienen en este campo mayor cabida. Diseños de gran expresividad que conviven en armonía con elementos simples de gran austeridad formal.

■ **Cinus** *by Rud Thygesen & John Sørensen. Erik Boisen*

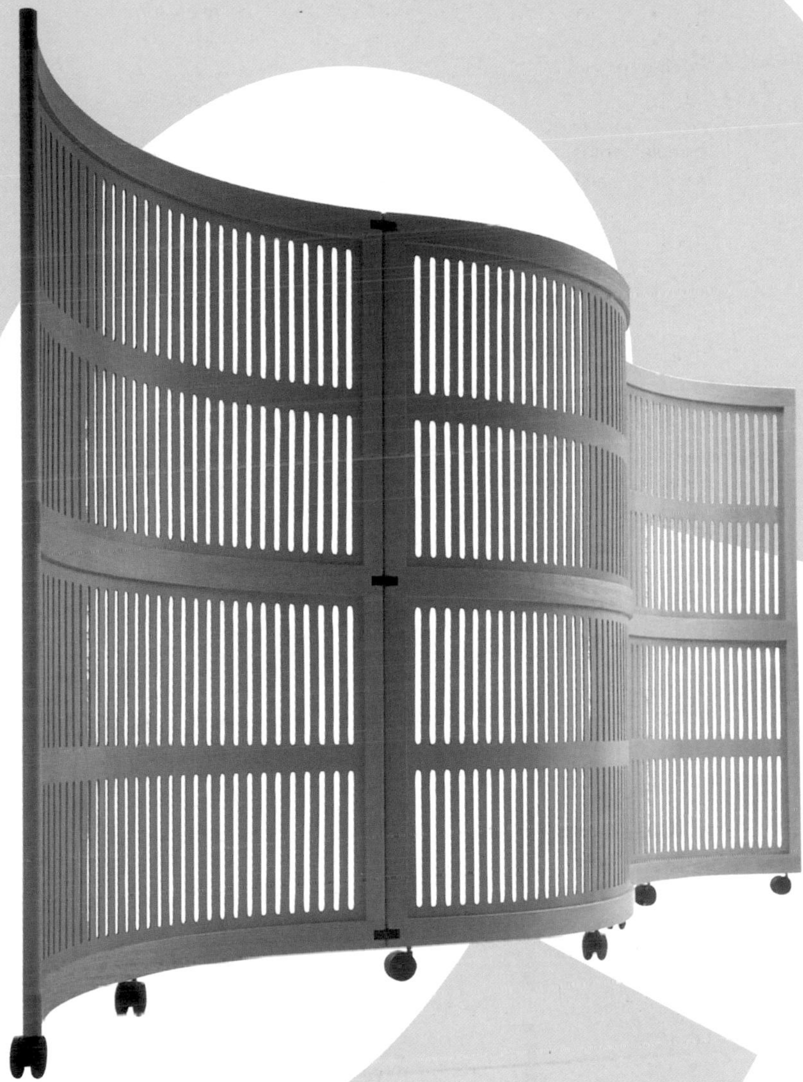

Various

Verschiedene
Divers
Varios

■ **Cicalino** *by Denis Santachiara.*
Modular Domodinamica

■ **Reloj Depared** *by Jaume*
Tresserra. Tresserra Collection

■ **Très Trays** *by r+d Design*

■ **Iro** *by Chi Wing Lo. Oggetti de Giorgetti*

■ **ST06 Emma** *by e15 Design*

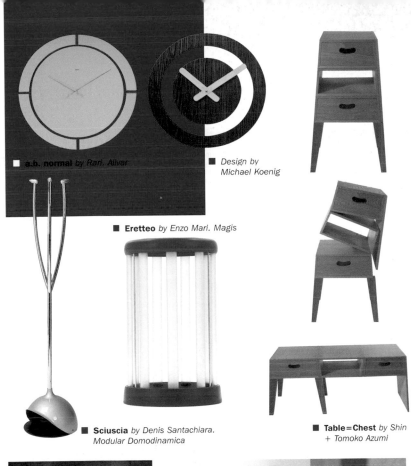

■ a.b. normal by Ran. Allver

■ Design by Michael Koenig

■ Eretteo by Enzo Mari. Magis

■ Sciuscia by Denis Santachiara. Modular Domodinamica

■ Table=Chest by Shin + Tomoko Azumi

■ Strawbowl by Kristiina Lassus. Alessi

■ Finder by Zoltan

■ Design by Jean-Marc Gady

315

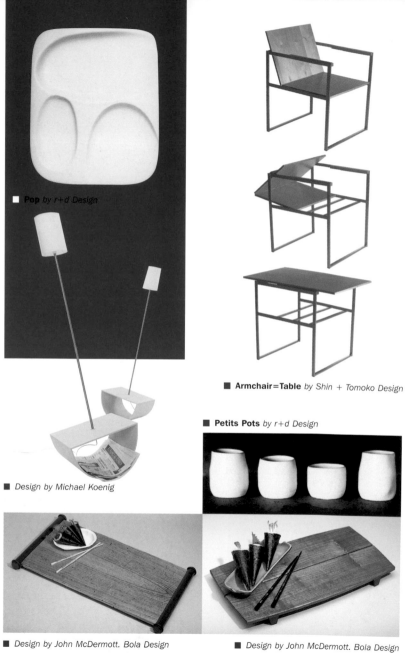

■ **Pop** *by r+d Design*

■ **Armchair=Table** *by Shin + Tomoko Design*

■ **Petits Pots** *by r+d Design*

■ *Design by Michael Koenig*

■ *Design by John McDermott. Bola Design*

■ *Design by John McDermott. Bola Design*

■ **Samba** by Bnind

■ **Losenge** by Bnind

■ **Eggvases** by Marcel Wanders Studio

■ **Spongova** by Marcel Wanders Studio

■ Design by Stone Circle

■ **ST04 Backenzahn** by e15 Design

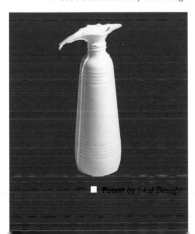

■ Foam by I+d Design

Iro *by Chi Wing Lo. Oggetti di Giorgetti*

■ *Design by 521 Design
(photo: Nick Vaccaro)*

■ *Design by Philippe Cramer (photo: David Willen)*

■ *Design by Marcel Wanders*

■ *Design by
Pop Solid Fabrication*

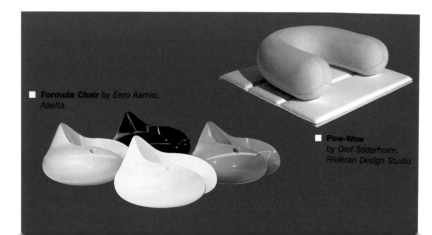

■ **Formula Chair** *by Eero Aarnio.
Adelta*

■ **Pow-Wow**
*by Olof Söderholm.
Rivieran Design Studio*

■ **Trapeci** by Joan Lao.
Joan Lao Mobiliario

■ **Rectangular** by Joan Lao.
Joan Lao Mobiliari

■ **Cub Massís** by Joan Lao.
Joan Lao Mobiliari

■ *Design by Philippe Cramer (photo: David Willen)*

■ *Design by John McDermott.
Bola Design*

■ **Tsonga** by Guglielmo Berchicci. Glas

■ **Tripod Vase Iro** by Chi
Wing Lo. Oggetti di Giorgetti

■ **Spring** by Jorge Pensi.
Grupo B.Lux

■ **Jerros** by Joan Lao. Joan Lao
Mobiliari

Schlafz

Chambres

BEDR

mmer
rmitorios
OOMS

■ **Bett** *by Atelier Oi/Wogg. Wogg*

The traditional image of the bedroom – comprising a bed, a closet and a dressing table – has become totally obsolete. Constant changes in lifestyle have given rise to a far-reaching restructuring of all the different spaces in a home. While the living room has evolved into the center of social life, the bathroom into the focus for activities connected with hygiene and the kitchen into the area in which domestic work is concentrated, the bedroom has undoubtedly gained prominence as a space specific to private life and has acquired a number of functions that until recently were foreign to it: watching television, listening to music or even working. And all these activities have to be compatible with this room's primary function: night-time rest.

The bed is still the vital element, and in this respect the latest trends seek to combine comfort with a modern, avant-garde look. The bed was the first man-made structure specifically designed for providing rest at night. The basic horizontal form that defines this element came to be complemented by canopies, baldachins, posts and headrests but it was not until the nineteenth century that the bed as we know it finally took shape.

And while sleep is fundamental, keeping clothes and complements in order is also important. This function is allocated to the closet. Folding doors, drawers, interiors with compartments for different items of clothing: there is now a wider range of possibilities than ever to ensure that the bedroom stays tidy. An extensive array of intelligent and efficient solutions are available for an essential space that is evolving and adapting to present-day requirements.

We now find innovative bedrooms that create evocative but multipurpose environments in which comfort is the watchword. A space solely intended for sleeping has given way to a space that serves as a refuge and is becoming the most versatile room in the entire home.

Choosing furniture for sleeping provides the framework for one of our most important activities. It is therefore vital to feel at ease in a setting that, apart from being pleasant and inviting, has to satisfy exacting requirements and be extremely functional: a space custom-made for dreams to come to true.

■ **SL02 MO** *by e15 Design*

Das traditionelle Bild des Schlafzimmers mit Bett, Schrank und Frisiertisch hat sich völlig verändert. Die beständigen Wechsel der Lebensstile haben eine tiefgreifende Umstrukturierung der verschiedenen Lebensräume mit sich gebracht. Wenn das Wohnzimmer zum gesellschaftlichen Mittelpunkt wurde, das Bad zum Zentrum der Gesundheit und sich in der Küche die häuslichen Arbeiten konzentrieren, so hat das Schlafzimmer zweifellos die Hauptrolle als besonderer Bereich des Privatlebens übernommen und damit Funktionen, die vor wenigen Jahren noch undenkbar waren, wie z. B. Fernsehen, Musik hören oder sogar arbeiten ... Die alles sind Aktivitäten, die den Raum mit der Hauptfunktion dieses Zimmers teilen müssen: der nächtlichen Entspannung.

Das Bett besetzt weiterhin den wichtigsten Platz, und neue Tendenzen trachten nach Bequemlichkeit, verbunden mit moderner avantgardistischer Ästhetik. Das Bett ist die Grundstruktur, die der Mensch für die Entspannung während der Nacht geschaffen hat. Zu der waagerechten Basis kamen mit der Zeit Betthimmel, Baldachine, Säulen, Kopfteile ... hinzu, aber erst im 19. Jahrhundert erhielt es seine endgültige Form im modernen Sinne.

Wenn die Entspannung wichtig ist, so ist das Aufräumen und Ordnen der Kleidungsstücke und des Zubehörs elementar. Diese Funktion übernimmt der Schrank, mit Klapptüren, Schubfächern, Unterteilungen für die einzelnen Kleidungsstücke, Beleuchtung ... Eine Vielzahl von Möglichkeiten trägt zur perfekten Ordnung im Schlafzimmer bei. Eine breitgefächerte Palette intelligenter und erfolgreicher Lösungen für ein wesentliches Möbel, das sich weiterentwickelt und den modernen Anforderungen anpasst.

Es gibt viele Vorschläge für innovative Räume mit anregender und abwechslungsreicher Atmosphäre, in denen man sich vor allem wohl fühlen möchte. Das ausschließlich dem Schlafen vorbehaltene Zimmer ist einem Raum gewichen, der Zuflucht bietet und zum vielseitigsten Bereich der Wohnung geworden ist.

Den nächtlichen Lebensraum zu möblieren heißt, einer der wichtigsten Aktivitäten des Menschen eine Form zu geben. Es ist daher unbedingt erforderlich, sich in einer Umgebung wohl zu fühlen, die nicht nur gemütlich und angenehm ist, sondern die sich auch an strikte Anforderungen hält und außerordentlich funktionell sein soll. Ein Ort nach Maß zur Verwirklichung der Träume.

Design by Ycami

L'image traditionnelle de la chambre composée d'un lit, d'une armoire et d'une coiffeuse est aujourd'hui complètement désuète. Les continuels changements de modes de vie ont provoqué une profonde réorganisation des différentes pièces de la maison. Alors que le salon est devenu le centre social, la salle de bain le lieu de santé et la cuisine celui où sont rassemblés les travaux domestiques, la chambre a acquis pour sa part un rôle très important dans le domaine de la vie privée. Elle réunit des fonctions qui lui étaient étrangères il y a encore quelques années : regarder la télévision, écouter de la musique, travailler ... activités qui doivent toutes partager l'espace avec la principale fonction de cette pièce : le repos nocturne.

Le lit reste la pièce maîtresse et les nouvelles tendances cherchent à associer au confort une esthétique moderne et actuelle. Le lit est la première structure que l'être humain ait créé pour se reposer la nuit. Peu à peu, sa forme basique horizontale s'est vue accompagnée de dais, de baldaquins, de colonnes, d'appuis-tête ... Mais il a fallu attendre le XIXe siècle pour que le lit prenne la forme définitive que l'on connaît aujourd'hui.

Le repos est important, tout comme le sont les accessoires et le rangement des vêtements. Le meuble qui remplit cette fonction est l'armoire. Des cases permettant de classifier les vêtements, des portes en accordéon, des tiroirs, un éclairage intérieur ... En bref, un nombre infini de propositions pour une chambre parfaitement ordonnée. Ce meuble essentiel qui évolue et s'adapte aux exigences actuelles, propose donc de nombreuses solutions intelligentes et efficaces.

On a voulu créer des chambres modernes, des espaces suggestifs et multifonctionnels où l'on se sent bien avant tout. La chambre où l'on ne fait que dormir s'est transformée en un lieu de refuge, et devient peu à peu l'espace le plus polyvalent de la maison.

Meubler la nuit, c'est donner forme à une des activités les plus importantes pour le bien-être de l'individu. De ce fait, il est indispensable de se sentir à l'aise dans un espace qui, en plus d'être accueillant et agréable, doit aussi proposer un mobilier parfaitement fonctionnel avec un design rigoureusement adapté aux besoins du repos. Un lieu agréable dans lequel les rêves deviennent réalité.

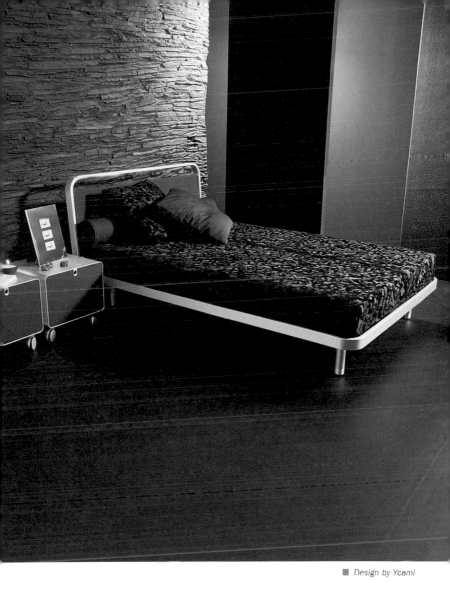

■ *Design by Ycami*

La imagen tradicional del dormitorio formado por una cama, un armario y un tocador ha quedado absolutamente arrinconada. Los continuos cambios en los estilos de vida han provocado una profunda reestructuración de los diferentes espacios de la vivienda. Si el salón se ha convertido en el centro social, el baño en el centro de salud o la cocina en el área en que se concentran los trabajos domésticos, el dormitorio ha adquirido un indudable protagonismo como ámbito específico de la vida privada y ha aglutinado funciones que hasta hace unos años le eran ajenas, como ver la televisión, escuchar música o incluso trabajar... actividades todas que han de compartir espacio con la función principal de esta estancia: el descanso nocturno.

La cama sigue siendo la pieza maestra y las nuevas tendencias buscan la comodidad acompañada de una estética vanguardista y actual. La cama es la primera estructura creada por el ser humano para obtener descanso durante la noche. La forma básica horizontal que define a esta pieza empezó a acompañarse de doseles, baldaquines, columnas, cabezales... pero no sería hasta el siglo XIX cuando recibiría la forma definitiva según el concepto moderno.

Y si el descanso es importante, la conservación y el orden de las prendas de vestir y los complementos es elemental. El mueble que materializa esta función es el armario. Con puertas abatibles, cajones, interiores con clasificación de prendas, iluminación... un sinfín de propuestas permiten asegurar que el dormitorio está más ordenado que nunca. Un extenso abanico de soluciones inteligentes y eficaces para un elemento esencial que evoluciona y se adapta a las exigencias actuales.

Se proponen estancias innovadoras, ambientes sugerentes y multifuncionales en los que se ansía ante todo estar cómodo. El espacio destinado únicamente al sueño ha dejado paso a una estancia que es un refugio y que se está convirtiendo en la habitación más versátil de la vivienda.

Amueblar la noche es dar forma a una de las actividades más esenciales que garantizan el bienestar del individuo. Por ese motivo es imprescindible sentirse a gusto en un ambiente que, además de ser acogedor y agradable, debe incorporar un mobiliario extremadamente funcional cuyo diseño debe cumplir con unas exigencias rigurosas a fin de asegurar un óptimo descanso. Un lugar a medida en el que hacer realidad los sueños.

■ **Aletto** *by Paolo Piva. B&B Italia*

■ **Kon Tiki** *by Lema*

■ **Global System** *by Lluis Codina. Perobell*

■ *Design by Matías Guarro*

■ **Sistema Midi** *by Francesc Rifé*

■ **Hm401** *by Gillian McLeon.*
Hitch Mylius Limited

■ *Design by Grupo T-Diffusion*   ■ **Llafranc** *by Joan Lao. Joan Lao Mobiliari*

■ **Sogno** *by Leone F. Mazzari. Mobilgirgi*

■ *Design by Former*

■ **Basics** *by Piero Lissoni. Porro*

335

■ *Design by Grupo T-Diffusion*

■ **Atelier** *by Temas V (photo: Jordi Sarrà)*

■ **Imagine** by Jaume Tresserra. Tresserra Collection

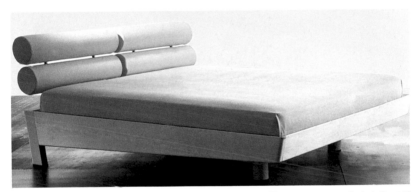

■ **Bes** by Massimo Scolari. Giorgetti

■ Design by Javier Mariscal. Temas V (photo: Jordi Sarrà)

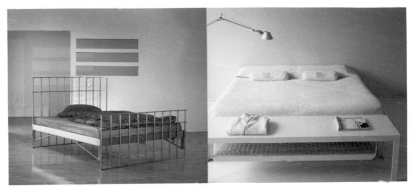

■ *Design by Noodles, Noodles & Noodles*

■ *Design by Mónica Armani*

■ *Design by Nueva Línea*

■ *Design by Nueva Línea*

■ **Cell** *by Piero Lissoni. Porro*

■ **Tribeca** *by Temas V (photo: Jordi Sarrà)*

■ **Linus** *by Emmebi*

■ **Favignana** by Rodolfo Dordoni. Flou

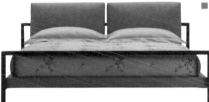

■ **Panarea** by Rodolfo Dordoni. Flou

■ **Échate** by Temas V
(photo: Jordi Sarrà)

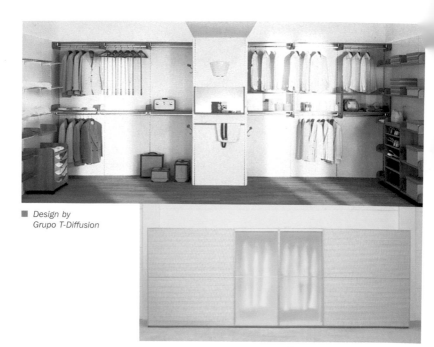

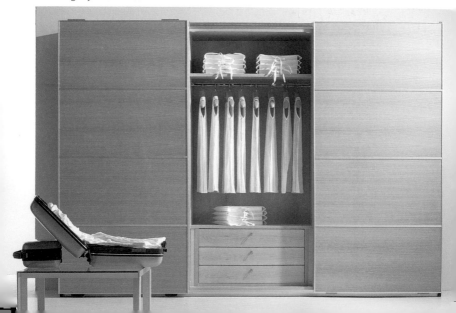

■ **Sistema Midi** *by Francesc Rifé*

■ **Collezione Apta** *by Antonio Citterio. Maxalto*

■ **Cabina Armadio** *by Lema*

■ *Design by Former*

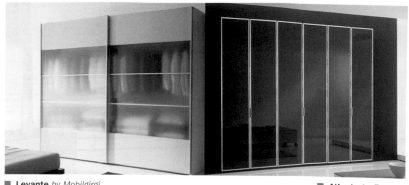

■ **Levante** by Mobilgirgi

■ **Atlante** by Emmebi

■ **Tombolo** by Mobilgirgi

■ **Empordà** by Joan Lao.
Joan Lao Mobiliari

■ **Maximum** *by O. Gossart*

■ **Todi** *by Mobilgirgi*

■ **Logico** *by Mobilgirgi*

345

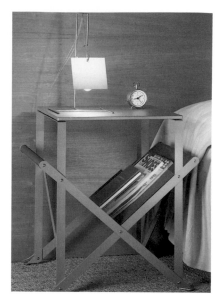

■ **Kiosc** *by Massana-Tremoleda. Mobles 114*

■ *Design by Mobilgirgi*

■ **Home** by Terence Woodgate. Punt Mobles

■ **Tenso** by Mobilgirgi

■ **Tombolo** by Mobilgirgi

■ **Tadao Maratona** by Vico Magistretti. Flou

■ **204** by Marset

■ **Sogno** by Mobilgirgi

CHILD
BEDR

K

■ *Design by Flexa*

Ha

REN'S OOMS

Zimmer für Kinder und Jugendliche

Chambres d'enfants et d'adolescents

Habitaciones infantiles

Children must have their own space, specially adapted to their requirements. Bedrooms for children and young people need open areas so that the child or adolescent can move around freely.

Planning such a setting involves an examination of all the possible ways of creating a personal den, without neglecting either functional or esthetic considerations.

There are a whole host of ideas available for these rooms, which no longer serve just for sleeping but have become versatile and welcoming spaces for studying, listening to music, playing, reading or relaxing. Their flexibility is their single greatest asset.

While a baby's room must comply to basic rules of safety and comfort, when he or she starts growing up these conditions of safety must be intensified. From the age of two, children are ruled by an insatiable curiosity and do not hesitate to touch everything in their path. With this in mind, it is advisable to choose unbreakable lamps that are difficult to reach and enclosed electrical sockets; avoid any sharp edges on tables, chests or other elements; and place shelves out of reach of small hands.

Children aged between two and five need a lot of space to play; later on, this can be turned into a study area. Opt for adaptable and mobile furniture that can be used as required. Beds with drawers underneath serve for storage, without encroaching on the floor space, while furniture on castors facilitates mobility and cleaning. This type of flexible and versatile furniture, which adapts to a young child's needs, are the ideal solution.

When children reach a certain age they need a study area. Folding or custom-made furniture are the most suitable option for confined spaces. To allow an adolescent to take full advantage of this area, the table must be at least 39 inches long (1 m), 30 inches (75 cm) high and 27 to 39 inches (70 cm to 1 m) deep. The chair must be ergonomic, care must be taken with the lighting, and there should be sufficient drawers and shelves to keep everything in order.

Today's designs for children's bedrooms are daring and innovative, abounding in imagination but also practical, resistant and durable, providing furniture that withstands the everyday wear and tear that young people subject them to.

■ *Design by Nueva Linea*

Auch die Jüngsten brauchen einen eigenen Raum für ihre privaten Bedürfnisse. Die Schlafzimmer für Kinder und Jugendliche sollten sparsam möbliert sein, um dem Kind oder dem Heranwachsenden genügend Bewegungsfreiheit zu gewähren.

Die Planung eines solchen Umfeldes bedeutet, alle möglichen Lösungen zu untersuchen, um einen persönlichen Raum ohne Verzicht auf Funktionalität und Ästhetik zu schaffen.

Es gibt eine Vielzahl von Vorschlägen für Räume, die nicht mehr nur dem Konzept eines Schlafzimmers entsprechen, sondern die zu vielseitigen und gemütlichen Aufenthaltsorten geworden sind, in denen gelernt, Musik gehört, gespielt, gelesen oder ausgeruht wird. Wichtig ist die Fähigkeit zur Ver wandlung.

Während das Zimmer des Babys ein paar Grundregeln für die Sicherheit und das Wohlbefinden des Kleinen gewährleisten muss, werden diese Sicherheitsbedingungen im Laufe der Zeit zunehmen. Mit zwei Jahren sind Kinder sehr neugierig und fassen alles an, was ihnen in den Weg kommt. Deswegen muss man sich für unzerbrechliche und unerreichbare Lampen, für Steckdosen mit Kindersicherung entscheiden, Tische, Truhen und alle Möbel mit scharfen Kanten vermeiden und die Regale in unerreichbarer Höhe anbringen. Kinder zwischen zwei und fünf Jahren brauchen viel Platz zum Spielen und dieser Raum wird mit der Zeit zu einem Lernbereich. Es empfiehlt sich daher, ein veränderbares, bewegliches Vielzweckmobiliar einzusetzen. Betten mit Schubladen zum Aufbewahren von allen möglichen Dingen, die keinen Platz wegnehmen, Elemente auf Rädern sind beweglich und erleichtern die Reinigung ... Vielseitige umwandelbare Möbel, die sich an das Leben des Kleinen anpassen, sind das Beste.

Ab einem gewissen Alter wird ein Bereich zum Lernen erforderlich. Die optimalste Lösung für enge Raumverhältnisse sind nach Maß gefertigte oder faltbare Möbel. Um diesen Raum auch schon für Jugendliche vorzuplanen, sollte der Tisch mindestens 1 Meter lang, etwa 75 cm hoch und 1 Meter tief sein und dazu ein ergonomischer Stuhl. Nicht zu vergessen ist die Beleuchtung sowie Schubläden und Regale, die für Ordnung sorgen.

Die Designs dieser Programme und Zusammenstellungen sind neuerungsfreudige Vorschläge, in denen die Phantasie Hand in Hand geht mit der praktischen Umsetzbarkeit, mit widerstandsfähiger und dauerhafter Qualität, die der täglichen Benutzung durch die Jungendlichen standhalten.

Les plus jeunes doivent disposer d'un lieu bien à eux adapté à leurs besoins. Il faut que leur chambre soit un espace dégagé où ils puissent se mouvoir en toute liberté.

Un projet comme celui-ci doit donc envisager toutes les possibilités pour que l'espace proposé ait de la personnalité, mais aussi pour qu'il soit fonctionnel et esthétique.

Il existe diverses propositions pour cette pièce, qui cesse d'être uniquement le lieu où l'on dort, et qui devient un espace convertible et accueillant où l'on peut étudier, écouter de la musique, jouer, lire, se reposer… L'essentiel étant la capacité de transformation.

La chambre du bébé répond à certaines règles de sécurité et de confort, qu'il faudra par la suite accentuer. À partir de deux ans, les enfants sont très curieux et ont l'habitude de toucher tout ce qui les entoure. Opter pour des lampes incassables et difficiles d'accès, des prises fermées, éviter les tables, les coffres et autres meubles aux bords tranchants, installer les étagères à hauteur d'adulte, sont des éléments à prendre en compte.

Entre deux et cinq ans, les enfants ont besoin de beaucoup d'espace pour jouer. Cet espace pourra être utilisé par la suite comme zone de travail. Il est conseillé de choisir des meubles que l'on peut transformer et déplacer selon l'usage que l'on veut en faire. Des lits avec des tiroirs inférieurs pourront servir au rangement sans gaspiller d'espace, des éléments sur roulettes faciliteront leur mobilité et le ménage … En fin de compte, les meubles polyvalents et changeables qui s'adaptent à la vie de l'enfant sont les plus appropriés.

À partir d'un certain âge, il faut pouvoir disposer d'un espace de travail. Les meubles sur mesure ou pliables sont une bonne solution pour les petits espaces. Pour que le lieu puisse servir au moment de l'adolescence, la table devra faire au moins 1 mètre de large, 75 cm de hauteur et de 70 cm à 1 mètre de profondeur. La chaise sera de préférence ergonomique, on soignera l'éclairage, les boîtes et les étagères contribueront à maintenir l'ordre.

Le design de ces programmes et de ces compositions propose des solutions originales, où l'imagination n'oublie pas pour autant l'aspect pratique, solide et durable. Les meubles sont alors aptes à supporter le traitement journalier des enfants.

■ **Isole** by Doimo Internacional

Los más pequeños deben disponer de un lugar propio que se adapte a sus necesidades. Los dormitorios infantiles y juveniles requieren espacios despejados para que el niño o el adolescente pueda moverse con libertad.

Proyectar este ambiente significa estudiar todas las soluciones posibles para ofrecer un espacio personal en el que no se renuncie a la funcionalidad y la estética.

Pluralidad de propuestas en unas estancias que han dejado de ser espacios en los que sólo se duerme para convertirse en lugares versátiles y acogedores donde poder estudiar, escuchar música, jugar, leer o descansar... Lo más importante es la capacidad de transformación.

Si la habitación del bebé debe responder a unas reglas básicas para la seguridad y comodidad del pequeño, al crecer, estas condiciones de seguridad han de extremarse. A partir de los dos años, los niños sienten una gran curiosidad y acostumbran a tocar todo lo que se encuentran a su paso. Escoger lámparas irrompibles y de difícil alcance, enchufes cerrados, evitar mesas, baúles u otros elementos con cantos agresivos y situar las estanterías a una altura inalcanzable para el pequeño son factores que han de tenerse en cuenta.

Los niños de dos a cinco años necesitan mucho espacio para jugar, espacio que con el tiempo se convertirá en zona de estudio. Emplear un mobiliario transformable y móvil dependiendo del uso es lo más recomendable. Camas con cajones inferiores que servirán para guardarlo todo sin restar metros a la habitación, elementos con ruedas que facilitan la movilidad y la limpieza... muebles polivalentes y versátiles que se adapten a la vida del pequeño son lo más conveniente.

A partir de una determinada edad es necesario disponer de un área de estudio. Muebles a medida o plegables son la opción más indicada en los espacios reducidos. Para que pueda aprovecharse este lugar en la adolescencia, la mesa deberá tener como mínimo un metro de largo, unos setenta y cinco centímetros de alto y entre setenta centímetros y un metro de profundidad. La silla habrá de ser ergonómica, y se pondrá especial cuidado en la iluminación.

Los diseños en estas composiciones se atreven con propuestas innovadoras en las que la imaginación va de la mano de lo práctico, la resistencia y la durabilidad, a fin de que los muebles puedan soportar el trato diario que los jóvenes les dan.

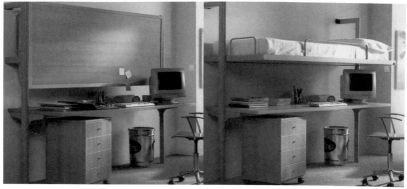

■ *Design by Lievore-Altherr-Molina. Sellex*

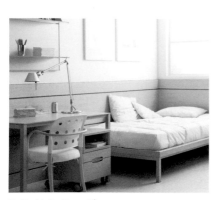

■ *Design by Nueva Línea*

■ *Design by Mobilgirgi*

■ *Design by Linea Italia*

■ *Design by Profil-System. Flötotto*

■ *Design by Doimo Internacional*

■ *Design by Flexa*

■ *Design by Nueva Línea*

■ *Design by Nueva Línea*

■ *Design by Nueva Línea*

■ *Design by Flexa*

■ *Design by Schmidinger Modul*

■ *Design by Mobilgirgi*

■ *Design by Flötotto*

■ *Design by Flexa*

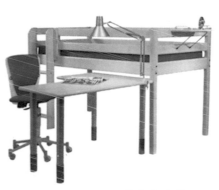

■ *Design by Flexa*

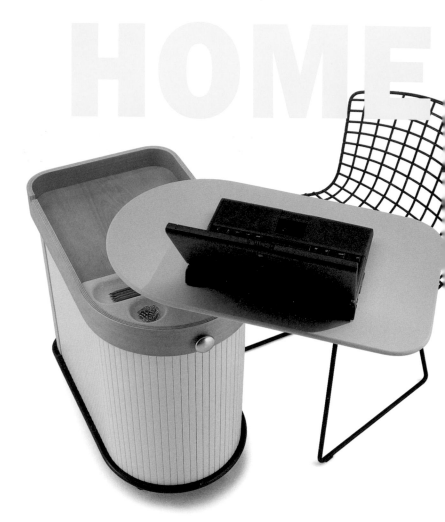

Design by Pearson Lloyd

La oficina en casa

OFFICE

Le bureau chez soi

Das Büro im Haus

ork becomes a pleasure when all the conveniences essential to a conventional office are added to the advantages of being at home.

The unstoppable spread of working at home has transformed the long-established traditional office and given rise to a completely new kind of furniture.

The essential requisites that this space must satisfy are: little furniture, but all of it very functional; constant order and method, and a distribution adapted to its requirements. Ergonomic furniture and appropriate lighting are the keys to success.

Comfort is of the utmost importance; this is very easy to achieve, provided the right elements are chosen and some basic rules are followed.

The chair must be comfortable, if possible revolving, with castors and the possibility of regulating the height and angle of the backrest. The aim is to achieve the maximum ergonomics, with the body correctly positioned so that the back is not strained; the user's feet must always remain flat on the floor and the legs must be at a right angle to the seat. The latter must be more or less quadrangular and have padding, although it must not be too soft or have any very exaggerated anatomical forms.

Although desks can be custom made, they usually have a standard height of 30 inches (75 cm), which means that the chair must be adjusted to the characteristics of the user. The models currently available on the market offer a wide range of materials, shapes and sizes.

Lighting is another factor that has to be taken into account. The main object is not to add more and more but rather to eliminate bright spots, glares and reflections; to avoid these, the work area must be placed perpendicular to or backing onto the source of natural light. The lighting must be sufficient, but not excessive. Articulated lamps are recommended as they allow light to be directed as required and cover any need for a specific, direct and moveable light that does not tire the eyes or produce any glare.

Elements that help to keep things in order are indispensable, ensuring that everything is in its place and ready to enhance the work process. Every item must have its own place, either on the desktop or in storage spaces such as drawers, boxes, shelves, baskets or other complements. The design of these elements must not allow formal beauty to interfere with their functionality.

Die Arbeit wird zu einem vollen Vergnügen, wenn zu den Bequemlichkeiten eines konventionellen Büros noch der Vorteil kommt, zu Hause arbeiten zu können.

Die nicht mehr aufzuhaltende Verlegung der Arbeit nach Hause hat das traditionelle Büro verwandelt und einer Typologie völlig neuartiger Möbel den Einzug gewährt.

Wenig, aber sehr funktionelles Mobiliar, konstante Ordnung und Methodik und eine anforderungsgemäße Aufteilung gehören zu den elementarsten Anforderungen, denen dieser Bereich entsprechen muss. Der Schlüssel zum Erfolg sind ergonomische Möbel und die entsprechende Beleuchtung.

Bequemlichkeit ist eine Notwendigkeit von größter Wichtigkeit und leicht zu erreichen, sofern man die richtigen Elemente auswählt und grundsätzlichen Richtlinien folgt.

Der Stuhl muss komfortabel sein, nach Möglichkeit mit Rädern, drehbar, höhen- und neigungsverstellbar. Ziel ist die Erreichung einer maximalen Ergonomie und die richtige Körperhaltung, damit der Rücken nicht in Mitleidenschaft gezogen wird: die Füße sollten immer flach auf den Fußboden aufsetzen und die Beine im rechten Winkel zum Stuhl stehen. Der Stuhl sollte in etwa rechteckig und nicht zu weich gepolstert sein sowie keine zu übertriebenen anatomischen Formen zeigen.

Auch wenn die Tische nach Maß gefertigt werden können, entsprechen sie normalerweise den Standardabmessungen – 75 cm über dem Fußboden – so dass die Höhe des Stuhles den Bedürfnissen des Benutzers angepasst werden muss. Die Angebote auf dem Markt zeigen eine grosse Vielfalt an Abmessungen, Dimensionen, Materialien und Formen.

Die Beleuchtung ist ein weiterer Faktor, der berücksichtigt werden muss. Ziel ist, Glanzeffekte, Blendungen, Reflexe ... zu reduzieren, wozu der Arbeitsbereich senkrecht oder mit dem Rücken zum Einfall des Tageslichtes angeordnet werden muss. Die Beleuchtung soll ausreichend, aber nicht übertrieben sein. Zu empfehlen sind Modelle mit Gelenken, mit denen man das Licht überall hinleiten kann und die auch den Bedarf nach einem spezifischen Licht decken (direkt und lenkbar), ohne die Augen zu ermüden oder zu blenden.

Unerlässlich sind die Elemente zum Ordnunghalten, so dass alles an seinem Platz ist und die Arbeit Spass macht. Jeder Gegenstand auf dem Schreibtisch braucht seinen zugewiesenen Ort oder Ablagegelegenheiten wie Schubfächer, Kästen, Regale, Körbe, Hilfselemente ... Bei der Planung dieser Teile darf die Schönheit nicht die Funktionalität beeinträchtigen.

Stehtisch mit Rechner *by Nils Holger Moormann Möbel Produktions*

ravailler devient un réel plaisir lorsqu'on ajoute aux agréments du bureau traditionnel les avantages de la maison.

Travailler chez soi est devenu une situation de plus en plus courante qui a permis de transformer le bureau conventionnel, et qui a donné naissance à un type de mobilier tout à fait novateur.

Des meubles peu nombreux mais très utiles, un rangement constant et méthodique, une distribution de l'espace appropriée aux besoins, sont parmi les éléments essentiels au bureau. Sans oublier un éclairage adéquat et des meubles ergonomiques, qui sont la clef du succès.

Le confort est une nécessité de premier ordre facile à satisfaire si l'on choisit les éléments appropriés et si l'on suit quelques règles simples. Pour être confortable, la chaise doit être sur roulettes, pivotante et l'on doit aussi pouvoir ajuster sa hauteur et son inclinaison. L'objectif est de trouver la plus grande ergonomie possible ainsi qu'une position correcte du corps pour que le dos ne souffre pas. Les pieds doivent toujours rester bien à plat au sol et les jambes doivent former un angle droit avec le siège. Ce dernier doit être plus ou moins carré et capitonné, sans pour autant être trop mou ou avoir des formes anatomiques exagérées.

La table, bien qu'elle puisse être faite sur mesure, a en général une taille standard de 75 cm en partant du sol. La hauteur de la chaise doit alors être ajustée en fonction des besoins de l'utilisateur. On trouve sur le marché un vaste choix de propositions concernant la taille, la largeur, les matériaux et les formes.

L'éclairage est un autre facteur que l'on doit prendre en compte. Le but n'est pas d'additionner, mais plutôt de réduire au minimum les réverbérations, les scintillements et les reflets. Pour les éviter, la zone de travail doit être placée perpendiculairement ou de dos au passage de la lumière naturelle. La lumière doit être suffisante mais pas excessive. Les modèles articulés sont conseillés car ils permettent de toujours pouvoir régler la luminosité et d'avoir à disposition un éclairage spécifique (direct ou orienté) qui ne fatigue pas la vue et n'éblouit pas.

Les éléments qui contribuent à maintenir le lieu ordonné sont fondamentaux pour se sentir bien et pour travailler efficacement. Chaque chose doit avoir une place spécifique sur la table de travail ou dans les espaces de rangement (les boîtes, les coffres, les étagères, les corbeilles et autres éléments d'appoint). La beauté plastique de ces pièces de mobilier ne doit pas prendre le pas sur leur caractère fonctionnel.

Surf by O. Gossart

Trabajar se convierte en todo un placer cuando a las comodidades que se demandan a una oficina convencional se suman las ventajas de estar en casa.

La difusión imparable del trabajo en casa ha transformado el tradicional despacho de siempre, dando lugar a una tipología de muebles totalmente innovadora.

Poco mobiliario pero muy funcional, orden y método constantes y una distribución que se ajuste a las necesidades son algunos de los requisitos elementales que esta zona debe cumplir. Muebles ergonómicos y una iluminación adecuada son las claves del éxito.

La comodidad es una necesidad de primer orden y conseguirla es muy fácil siempre que se elijan los elementos adecuados y se sigan unas pautas básicas.

La silla debe ser confortable, a ser posible con ruedas, giratoria y regulable en inclinación y altura. El objetivo es conseguir la máxima ergonomía y una correcta posición del cuerpo para que la espalda no sufra: los pies tienen que quedar siempre planos sobre el suelo y las piernas, en ángulo recto respecto al asiento. Este ha de ser más o menos cuadrangular y acolchado, pero no blando y sin formas anatómicas muy exageradas.

Las mesas, aunque pueden hacerse a medida, suelen tener dimensiones estándar de unos 75 cm del suelo, lo que obliga a ajustar la altura de la silla a las características del usuario. Las propuestas que se encuentran en el mercado son extensas en medidas, dimensiones, materiales y formas.

La iluminación es otro factor que se ha de considerar. El objetivo no es sumar, sino restar brillos, deslumbramientos, reflejos... para evitarlos, la zona de trabajo debe disponerse perpendicular o de espaldas a la entrada de luz natural. La iluminación debe ser suficiente, pero no excesiva. Los modelos articulables son aconsejables porque permiten dirigir la luz en cada momento y cubrir la necesidad de disponer de una luz directa y orientable que no fatigue la vista y no deslumbre.

Todo debe ocupar un sitio identificable sobre el escritorio o en espacios de almacenamiento, como cajones, contenedores, estanterías, cestas, elementos auxiliare... A la hora de concebir estas piezas la belleza formal no debe interferir en la funcionalidad.

Artica *by O.T.S. Sellex*

Design by Mónica Armani

Design by Mónica Armani

Design by Ycami

Design by Mónica Armani

Design by Ycami

Design by DO+CE

Sistema Midi by Francesc Rifé

Oyster by L. Bertoncini. Bellato.
(photo: Andrea Pitari)

Navigator large *by Bellato (photo: Andrea Pitari)*

Design by Nueva Línea

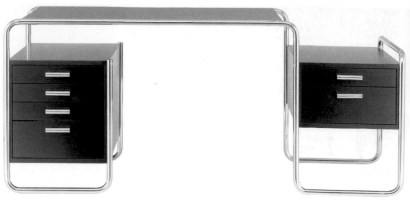

Design by Marcel Breuer. Thonet (photo: Michael Gerlach)

Design by Jean-Marc Gady

Design by Pearson Lloyd

Design by Arlex

Dry *by Prospero Rasulo. Glas*

Design by Nueva Línea

Eterno *by Joan Lao. Joan Lao Mobiliari*

Glass *by Raul Barbieri. Rexite*

Stühle
Chaises
Sillas

Aloe *by J. Lluscà. Oken*

Design by Oken

*Design
by Dauphin*

Capricio di Ugo *by Matali Crosset.
Modular Domodinamica*

Versus *by Miguel Angel Ciganda. Casas*

*Design
by Oken*

Design by Biplax by Industrias del Mueble

Design by Biplax by Industrias del Mueble

Design by Segis

Glasnost Office *by Maurizio Peregalli. Zeus*

Doing *by Niall O'Flynn. Tramo*

Design by Oken

The chair must be comfortable, ergonomic and, if possible,
revolving, with castors and an adjustable seat and backrest.
The aim is to achieve the maximum comfort and the correct
position for the body, to avoid any strain on the back.

Design by Stua

Der Stuhl soll bequem und ergonomisch sein, wenn möglich
mit Rädern, drehbar sowle hohen- und neigungsverstellbar.
Ziel ist, maximale Bequemlichkeit und eine korrekte
Korperhaltung zu erreichen, damit der Rücken nicht in
Mitleidenschaft gezogen wird.

La chaise doit être confortable et ergonomique, si possible
sur roulettes, pivotante et réglable en hauteur et en
inclinaison. Le but est d'atteindre un confort maximum et
une position correcte du corps pour que le dos ne souffre pas.

La silla debe ser confortable y ergonómica, a ser posible
con ruedas, giratoria y regulable en inclinación y altura.
El objetivo es conseguir la máxima comodidad y una correcta
posición del cuerpo para que la espalda no sufra.

■ Design by Extremis

Muebles de exterior
Meubles d'extérieur
eizeitmöbel
TDOOR
NITURE

When the temperature starts to go up, terraces, porches and gardens come into their own. Nature explodes in a riot of colors and fragrances and invites us to abandon our life indoors for a few months and spend more time outside.

If there is one area of design that has taken full advantage of the technological advances in new materials, it is the design of outdoor furniture.

In this case the materials play a vital role. Almost all today's materials incorporate innovative treatments that provide greater resistance and durability and make them easier to maintain and clean.

Some materials are light and malleable, such as synthetic resin, which can remain in the open air all the year round and withstand changes in temperature and wear and tear.

As for woods, the most suitable varieties are tropical ones like iroko, teak and bubinga. Their density and high proportion of resins and natural oils makes them extremely resistant to both rain and sunshine.

Natural fibers such as wicker, rattan, bamboo, vegetal fiber and cane are highly satisfactory materials. They are light, malleable and easy to transport as they weigh so little, but they must be protected from harsh weather as sunlight can dry them out and humidity can cause lasting damage. Cane and bamboo furniture do not withstand hard knocks and can easily crack and lose their color.

Metal is another option. Iron furniture is very popular at the moment, especially in designs with very delicate and extremely simple lines. Iron is also found in combination with other materials. Other possibilities are aluminum – a light material that can withstand high temperatures –and steel– both galvanized and stainless.

One of the most recent materials to emerge is loom – a tissue made up of intertwined steel strands covered with natural fibers. Furniture made of loom is extremely solid, does not crack or break and proves highly resistant.

And if furniture is important outdoors, lighting is no less so. No garden or terrace is complete until its lights have been put in place.

Sobald die Temperaturen steigen, beleben sich Terrassen, Höfe und Gärten. Die Natur explodiert in Farben und Gerüchen und lädt dazu ein, die Häuser zu verlassen und das Leben im Freien zu genießen.

Gerade das Design für Freizeitmöbel hat aus Fortschritt und der Verwendung neuer Materialien die größten Vorteile gezogen.

Hier spielt das Material die Hauptrolle. Fast bei allen Ausführungen wurden neue Behandlungsarten angewandt, um Beständigkeit und Lebensdauer zu verlängern und Wartung und Reinigung zu erleichtern.

Synthetische Harze sind zum Beispiel leichter und formbarer und können wegen ihrer Beständigkeit gegen Temperaturen und klimatische Einflüsse das ganze Jahr über im Freien stehen.

Bei Holz sind tropische Hölzer wie Iroko, Teak oder Bubinga vorzuziehen. Durch ihre Massivität sowie ihren großen Anteil an Harzen und Naturölen sind sie sehr beständig gegen Witterung und Sonnenstrahlen.

Naturfasern wie Weide, Rattan, Bambus oder Rohr sind sehr dankbare Materialien. Sie sind leicht, formbar und dank ihres geringen Gewichtes einfach zu transportieren, müssen jedoch gegen klimatische Unbilden geschützt werden, da sie an der Sonne schnell austrocknen und Feuchtigkeit sie beschädigt. Rohr- oder Bambusmöbel sind nicht stoßfest, sie können Farbe verlieren und Risse bekommen.

Metall kann ebenso verwendet werden. Eisenmöbel vermitteln trotz ihres absolut einfachen und leichten Designs einen Eindruck von Stabilität. Sehr oft wird dieses Material mit anderen kombiniert. Weitere Möglichkeiten für Metallausführungen sind Möbel aus Aluminium, ein leichtes, sehr temperaturbeständiges Material, oder Möbel aus galvanisiertem Stahl oder Edelstahl.

Eines der neusten Materialien ist "Loom" – ein Gewebe aus Stahlmatten, das mit Naturfasern beschichtet ist. Die Möbel aus diesem Material sind extrem widerstandsfähig, sie bekommen weder Risse noch weisen sie andere Verschleißerscheinungen auf.

Und wenn die Möbel schon wichtig sind, so darf man auch die Außenbeleuchtung nicht vergessen. Ein Garten oder eine Terrasse sind erst vollendet, wenn die Beleuchtung stimmt.

■ **Dondolo** by Nalercai

Quand les températures commencent à s'élever, les terrasses, les jardins et les porches reprennent vie. La nature qui fourmille de couleurs et d'odeurs nous invite pour quelques mois à abandonner les espaces intérieurs, et à faire de l'extérieur la zone la plus habitée.

S'il y a un domaine dans lequel le design a su utiliser les progrès techniques et les nouveaux matériaux, c'est bien celui du mobilier extérieur. Toute la personnalité des meubles réside dans leurs matériaux. Presque tous ont subi de nouveaux traitements qui rendent le meuble plus solide et plus durable, et qui facilitent en même temps l'entretien et le nettoyage.

Certains de ces matériaux sont plus légers et maniables que d'autres. La résine synthétique par exemple, grâce à sa résistance aux agressions extérieures et aux changements de climat, peut rester dehors toute l'année.

Quant aux bois, les plus appropriés à l'usage en extérieur sont les tropicaux (siroco, teca ou bubinga). Leur densité et leur taux élevé en résine et en d'huile naturelle les rendent très résistants aux intempéries et aux rayons du soleil.

Les fibres naturelles, comme l'osier, le rotin et le bambou sont des matériaux très agréables. Les meubles, légers, sont simples à manier et faciles à transporter. Néanmoins, on doit les protéger du soleil qui les assèche, et de la pluie ou de l'humidité qui les abîment. Les meubles en roseau ou en bambou ne supportent pas les coups violents et peuvent facilement perdre leur couleur et s'écailler.

Le métal peut lui aussi être utilisé. Les meubles en fer, légers et définis par des lignes d'une simplicité absolue, ressortent avec force. On peut aussi opter pour leur associer des matériaux différents. D'autres possibilités sont offertes pour les meubles en métal avec l'aluminium, qui est léger et capable de supporter des températures élevées, ou encore l'acier galvanisé et l'acier inoxydable.

Un des matériaux les plus innovants est le loom (tissage composé de tiges d'acier tressées et recouvertes de fibre naturelle). Les meubles en loom sont inaltérables et extrêmement résistants. Ils ne s'écaillent pas et il est impossible de les casser.

Mais si le mobilier est important pour le design de l'espace extérieur, l'éclairage l'est tout autant. Un jardin ou une terrasse n'est pas abouti tant que l'on n'y a pas installé de lumières.

Sedona Collection *by Heltzer*

Cuando empiezan a subir las temperaturas, comienzan a cobrar vida las terrazas, los porches y los jardines. La naturaleza explota en colores y olores, e invita a abandonar los interiores por unos meses y convertir el exterior en la zona más habitada.

Si existe un campo en el diseño que se haya servido de los avances y la utilización de los nuevos materiales es el del diseño de mobiliario de exterior.

En estas piezas los materiales son los protagonistas. Casi todos incorporan novedosos tratamientos para conseguir mayor resistencia y durabilidad y facilitar su mantenimiento y limpieza.

Unos son más ligeros y moldeables que otros, como la resina sintética, que puede permanecer todo el año al aire libre ya que resulta muy resistente a los cambios de temperatura y las agresiones externas.

En cuanto a las maderas, las más adecuadas son las tropicales –iroco, teca, o bubinga–. Su densidad y alto contenido en resinas y aceites naturales las hace altamente resistentes a la intemperie y a los rayos del sol.

Las fibras naturales, como el mimbre, el ratán, el bambú, la médula o la caña, son materiales muy agradecidos. Resultan ligeras, sencillas de moldear y fáciles de trasladar por su poco peso, aunque deben protegerse de las inclemencias climáticas ya que el sol las reseca y el agua y la humedad las daña. Los muebles de caña o bambú no aguantan golpes fuertes y pueden perder color con facilidad y agrietarse.

El metal también se puede emplear. Los muebles de hierro irrumpen con fuerza y vienen materializados en diseños de líneas de simplicidad absoluta y muy ligeros. Se apuesta por la combinación de este material con otros. Otras opciones en metal son los muebles de aluminio, material ligero y capaz de soportar altas temperaturas, o los de acero galvanizado y acero inoxidable.

Uno de los materiales más novedosos es el "loom" –tejido formado por varillas de acero trenzado recubiertas de fibra natural–. Los muebles de "loom" son inalterables, no se agrietan ni se rompen y son enormemente resistentes.

Y si los muebles son importantes, no lo es menos la iluminación del exterior. Un jardín o una terraza no está conclusa hasta que no se han instalado sus luces.

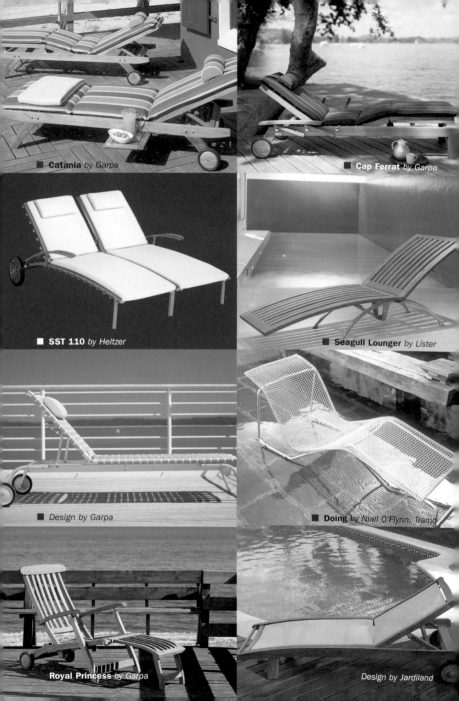

Catania *by Garpa*

Cap Ferrat *by Garpa*

SST 110 *by Heltzer*

Seagull Lounger *by Lister*

Design *by Garpa*

Doing *by Niall O'Flynn, Tramo*

Royal Princess *by Garpa*

Design by Jardiland

■ *Design by Pascal Tarabay*

■ *Design by Extremis*

■ **Hestercombe** *by Garpa*

■ **Ashburham** *by Lister*

■ *Design by Jardiland*

■ *Design by Jardiland*

Jour de Fête *by Pascal Mourgue. Fermob*

■ **Tom Vac** *by Ron Arad. Vitra.*
(photo: Hans Hansen)

Design by Jardiland

Design by Jardiland

■ **Lodge** *by Garpa*

■ *Design by Garpa*

■ **Tivoli** *by Lister*

■ *Design by Extremis*

■ *Design by Jardiland*

■ *Design by Jardiland*

■ *Design by Jardiland*

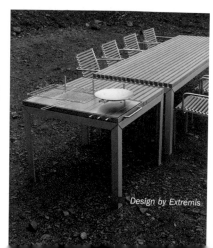

Design by Extremis

■ **Kissentruhe** by Garpa

■ **UMB 900** by Heltzer

■ **Serving Trolley** by Lister

■ **PEG 700** by Heltzer

■ Design by Modular Lighting

■ **Garden Light** by Lister

■ Design by Modular Lighting

397

Directory Verzeichnis Table des matières Directorio

■ **4orm Design** info@4orm-design.co.uk
■ **521 Design (Five Twenty One Design)**
       info@fivetwentyonedesign.com
■ **Adelta** adelta@t-online.de
Alessi www.alessi.it pub@alessi.it
Alivar www.alivar.com alivar@alivar.com
Alvaro Siza siza@mail.telepac.pt
Amat amat@amat-3.com
Andreu World aworld@andreuworld.com
Antigüedades Fortuny T.+34 913 085 671
Antonio Citterio citterio@mdsnet.it
Archétaller de arquitectura y otros oficios
       archetaller@telefonica.net
Arflex info@arflex.it
Arlex faram@faram.com
Artek nmganck@artek.fi
Artelano info@artelano.com
Artifort artifort@aol.com
AZ Disseny T.+34 932 051 581
       www.cambrabcn.es/gaudi
■ **B&B Italia** beb@bebitalia.it
Babylon Design
       info@babylondesign.demon.co.uk
       www.babylonlondon.com
Bartoli Design pbartoli@iname.com
BD. Ediciones de Diseño bd@bdbarcelona.com
Bellato www.palluccobellato.it
       infopallucco@palluccobellato.it
Bibi Gutjahr www.bibi-gutjahr.de
       mark@bibi-gutjahr.de
Biplax. Industrias del Mueble biplax@biplax.com
Bisazza www.bisazza.it
Björn Dahlström dahlstrom@dahlstromdesign.se
Bnind www.bnind.com mail@bnind.com
Bola Design boladesign@mindspring.com
BRF cisottilaube@supereva.it
■ **Capellini** capellini@capellini.it
Carpyen comercial@carpyen.com

Casas casas@casas.net
Cassina contact@fimalac.com
Christophe Pillet cpillet@club-internet.fr
COR b.mangel@cor.de
■ **Dauphin** www.dauphin.de
Desalto www.oma.it/desalto/oma@oma.it
Dilmos info@dilmos.it
Do+Ce doce@do-ce.com www.do-ce.com
Doc Mobili www.gruppodoimo.com
Doimo Internacional
       doimointernacional@doimo.it
■ **e15 Design** mail@e15.com
Emmebi info@emmebidesign.com
Enea enea@eredu.com
Enzo Mari T.+39 024 817 315
Erik Boisen info@erik-boisen.dk
Extremis www.extremis.be
■ **Fermob** www.fermob.com
Flexa CCR@flexa.dk
Flos www.flos.net
Flötotto www.floetotto.de info@floetotto.de
Flou info@flou.it www.flou.it
Former former@former.it
Foscarini www.foscarini.com
Francesc Rifé f@rife-design.com
       www.rife-design.com
Fritz Hansen sf@fritzhansen.com
■ **García Garay Iluminación**
       garciagaray@jazzfree.com
Garpa info@garpa.de
George Kovacs Lighting
       www.goergekovacslighting.com
       info@georgekovacslighting.com
Giorgetti info@giorgetti-spa.it
Glas glas@glasitalia.com
Grupo B.Lux info@grupoblux.com
Gruppo Doimo www.doimo.it
Grupo T-Diffusion grupo-t@grupo-t.com

Heltzer *michael@heltzer.com*

Hella Jongerius *jongeriuslab@planet.nl*

Hitch Mylius Limited *info@hitchmylius.co.uk*

Imat *imat@sea.es*

Inflate *info@inflate.co.uk www.inflate.co.uk*

Ingo Maurer *postmaster@ingo-maurer.com*
www.ingo-maurer.com

Isao Hosoe Design
info@isaohosoedesign.com
www.isaohosoedesign.com

Jardiland *www.jardiland.es*

Jean-Marc Gady *jmgady@club-internet.fr*

Joan Lao Mobiliari *exposicio@joanlao.com*

Jorge Pensi *T.+34 933 103 279*

Kajsa Hagskog *www.dahlstromdesign.se*
kaja@dahlstromdesign.se

Karim Rashid *office@karimrashid.com*
www.karimrashid.com

Kazuhiro Yamanaka *kaz@ma.kew.net*

King-Miranda Design
mail@kingmiranda.com
www.kingmiranda.com

Kristalia *www.kristalia.it*

Kristiina Lassus *kristiina.lassus@alessi.com*

Label *ALETTA@label.nl*

Lehni *www.lehni.ch*

Lema *lema@lemamobili.com*

Ligne Roset *epost@ligne-roset.de*

Linea Italia *www.lineaitalia.it*

Lister *www.lister-lutyens.co.uk*
sales@lister-lutyens.co.uk

Living Divani *info@livingdivani.it*

Lúmica. Blanch Cristal, s.a.
blanchcristal@blanchcristal.com

Magis *www.magisdesign.com info@magis.com*

Marc Newson *pod@marc-newson.com*
www.marc-newson.com

Marset *www.marset.com info@marset.com*

Marcel Wanders Studio
marcel@marcelwanders.nl
www.marcelwanders.com

Marktex *marktex@marktex.com*

Massimo Iosa Ghini/Iosa Ghini Studio
info@iosaghini.it www.iosaghini.it

Matías Guarro *Info@matias-guarro.com*

Matteo Thun *info@matteothun.com*
www.matteothun.com

Matthew Hilton *matthew.hilton@virgin.net*

Maxalto *www.maxalto.it*

Meritalia *meritalia@meritalia.it*

Metalarte *metalarte@metalarte.com*

Michael Koenig *www.koenigdesignhamburg.de*
koenig.design@t-online.de

Michael Marriot *marriott.michael@virgin.net*

Michael Sodeau *michael@msp.uk.com*

Michael Young *michaelyoung@simnet.is*
www.michael-young.com

Mobilgirgi *www.mobilgirgi.it*
mobilgirgi@mobilgirgi.it

Mobles 114 *mobles114@mobles114.com*

Mocca *mocca.biz@aon.at*

Modular Domodinamica
modular@domodinamica.com

Modular Lighting *welcome@supermodular.com*

Mok *ady@mok.demon.co.uk*

Mónica Armani *sabrina@monica-armani.com*

Montana *montana@montana.dk*

Moooi *desiree@moooi.com*

Moroso *info@moroso.it*

Natercar *www.natercar.com*
ocio@natercar.com

Nils Holger Moormann Möbel Produktions
info@moormann.de

Noodles, Noodles & Noodles *www.noodles.de*

Nueva Línea *nuevalinea@nuevalinea.es*

NYW *www.nyworks.com*

O. Gossart *www.o-gossart.com*
    contact@o.gossart.com
Oggetti di Giorgetti *info@giorgetti-spa.it*
Oken *oken@oken.es*
Paco Cabdell *www.pacocapdell.com*
    pacocapdell@infase.es
Pascal Morgue *mourgue.hardy@wanadoo.fr*
Pascal Tarabay *tarabay@hotmail.com*
PearsonLloyd *mail@pearsonlloyd.co.uk*
    www.pearsonlloyd.co.uk
Perobell *info@perobell.com*
Philippe Cramer *pcramer@vtx.ch*
Phillipe Starck *starck@starckdesign.com*
    www.philippe-starck.com
Piero Lissoni *lissoni@mclink.it*
Planett *info@planett.se*
Poltronova *poltronova@poltronova.it*
Pop Solid Fabrication *popsolid@tiscalinet.it*
Porro *info@porro.com*
Prandina *www.prandina.it info@prandina.it*
Produzione Privata *www.produzioneprivata.it*
Propero Rasulo *prrasulo@tin.it*
Punt Mobles *puntmobles@puntmobles.es*
r+d Design *www.r-d-design.com*
Red Plum Jam *redplumjam@austin.rr.com*
Resin Design *bourdin@attglobal.net*
Rexite *www.rexite.it*
Ribag Licht *www.ribag.ch*
Rivieran Design Studio (Olof Söderholm-Buster Delin) *olof@rivieran.com*
Robert Wettstein *robert.wettstein@gmx.ch*
    www.wettstein.ws
Ron Arad Associates *info@ronarad.com.*
    www.ronarad.com
Room by Wellis *wellis@starnet.ch*
Ruth McDermott *ruth@ruthmcdermott.com*
Santa & Cole *info@santacole.com*

Saporiti Italia / Saporiti Express
    saporiti@saporiti.com
Scarabas *info@scarabas.com*
SCP Ltd. *Kati@scp.co.uk*
Schmidinger Modul
    www.schmidingermodul.at
    info@schmidingermodul.at
Segis *www.segis.it segis@segis.it*
Sellex *www.sellex.es sellex@adegi.es*
Shin+Tomoko Azumi *azumi@uk2.so-net.com*
    www.azumi.co.uk
Stefano Giovannoni
    studio@stefanogiovannoni.com
    www.stefanogiovannoni.com
Stone Circle *www.stonecircle.co.uk*
Stua *stua@stua.com*
Team by Wellis *wellis@starnet.ch*
Tecta *drescher@tecta.de*
Temas V *temasv@temasv.com*
Tes *tes@tes-teresasepulcre.com*
Thomas Sandell *info@sandellsandberg.se*
    www.sandellsandberg.se
Thonet *www.thonet.de*
Tramo *T. +34 934 796 970*
Tresserra Collection *collection@tresserra.com*
Valais *www.valais.com info@valais.com*
Viccarbe *viccarbe@viccarbe.com*
    www.viccarbe.com
Vitra *www.vitra.com*
Werner Aisslinger *www.aisslinger.de*
    aisslinger@snafu.de
Wogg *info@wogg.ch www.wogg.ch*
Ycami *export@ycami.com*
Zanotta *communication@zanotta.it*
Zeus *zeusnoto@tin.it*
Zoltan *safe@zoltan.it*